JOSH DOUGLAS

Negócios Escolares

Como o dinheiro dinamiza o sistema escolar

Índice

Introdução 5
   Estudos de alto vôo 11
   Preparações muito saudáveis 15
   A escola do dinheiro 21
1 26
   Sobre a desigualdade dos estabelecimentos 26
   Resultados muito heterogêneos 29
   cabeça de trabalho 33
   As melhores escolas têm os melhores professores? 37
   Progredimos mais numa boa escola? 41
   Peso dos pais 48
2 54
   A lei de ferro do endereço 54
   Boas escolas tornam os bairros caros 63
   Guetos na França? 67
   O mapa e o território 76
   Rumo a uma abolição do mapa escolar? 88
3 98
   muletas de apoio escolar 98
   "Uma criança em dificuldade é uma criança ignorante... as suas forças" 102
   Coaching, serviço de alta qualidade 107
   O papel dos benefícios fiscais 110
   Law and Sciences Po brincam de esconde-esconde com o setor privado 114
   Internet: ajudar ou enganar? 119
4 126

A descoberta do mundo 126
Nós somos os burros 130
Cursos e idiomas em abundância 137
Escolas globalizadas e Erasmus ao resgate 142
A grande (e cara) partida 146
Uma experiência lucrativa 150

5 155
Depois do bacharelado, TSF (tudo menos universidade)! 155
Quais alunos para quais escolas? 157
Um sentimento de injustiça 164
A decrescente atratividade da universidade 168
O "apesar de nós": alunos por defeito e falsos alunos 178
I ♥ Universidade de Versalhes-Saint-Quentin-en-Yvelines 184

6 192
O grande salto das escolas particulares 192
Do jardim de infância 194
Demanda cria oferta 203
Escolas profissionais 209
De onde vem o dinheiro? 215
Marca 223

7 229
O mercado global do conhecimento 229
A primeira globalização 231
Educação, indústria global 237
Zonas Francas Educacionais 243
Ásia conquistando a Ásia 248

8 254
Taxas de matrícula crescentes 254

Prezadas escolas de negócios *259*
A corrida pelas estrelas *266*
estudos rentáveis *272*
E os alunos estrangeiros? *282*
Profissionais de negócios? *286*
9 .... *292*
Como financiar seus estudos? *292*
O aumento dos preços vai continuar *293*
Como pagar ? *297*
Emprestado, mas então? *301*
45% funcionários estudantes *305*
Enriqueça o seu currículo *307*
Conclusão *312*
escola das sombras *315*
Como chegamos lá ? *317*
Fatalitas? *320*

Introdução

Tudo começou quando Gaby me perguntou: "E odontologia na Espanha, o que você acha?»

Foi uma entrevista de orientação. Depois do bacharelado, meus alunos do último ano ES (econômico e social) costumam ir para Sciences Po ou preparação comercial quando são bons, direito ou escola de negócios quando são menos bons. Eles se veem como executivos, jornalistas, advogados ou empresários. Dentistas? Nunca.

Gaby planeja fazer vestibular para escolas de negócios que recrutam logo após o bacharelado. Ele é um aluno mediano. Ele conhece mais centroavantes do Real Madrid do que ganhadores do Prêmio Nobel de Economia, mas é um homem alto, enérgico, de cabelos escuros, sorridente, confortável ao falar e com números. Ele parece capaz de ler um balanço ou negociar passo a passo para ganhar um contrato comercial. Sua escolha é, portanto, credível. Percorremos as escolas que ele poderia experimentar, considerando seu nível e como se preparar para as competições.

A entrevista está chegando ao fim, e é aí que ele se lança: "E aí, dentista, o que você acha? Imagino que pareço um pouco confusa.

— Dental? Quer ser dentista?

— Eu realmente não pensei sobre isso. Mas pode ser bom.

Ele mesmo parece bastante duvidoso. Eu pego o fio do que eu sei.

— Normalmente, você tem que passar por um bac S e passar no concurso no final do PACES, o primeiro ano comum aos estudos de saúde. Isso me parece um pouco diferente da sua jornada até agora...

Ele concorda.

— Exatamente. Ir para a Espanha permite que você se torne um dentista sem ter que passar por toda a seleção. Um amigo do meu pai me contou sobre isso. Ele é dentista e diz que a formação na Espanha está correta.

E você fala espanhol? Pareceu-me que você estava fazendo alemão?

Então ele explica o esquema para mim. Como os diplomas são reconhecidos em toda a União Europeia e a seleção é drástica na França, pequenos espertos contornam o obstáculo partindo para treinar em outro lugar da Europa. Isso diz respeito aos estudos de medicina, dentista, fisioterapeuta, veterinário. No meu colegial preferido, onde um terço dos alunos das aulas de ciências optam pela medicina, o estratagema se fez muito rapidamente conhecido entre os alunos médios, incertos de poder enfrentar a terrível seleção do primeiro ano nas faculdades parisienses. Gaby não tem certeza se as aulas são em francês, mas um amigo de seu pai explicou a ela que era uma oportunidade real. Então ele pensou que talvez...

Em retrospectiva, parece óbvio. Como professor de economia, a explosão de padrões nacionais da Europa não é nenhuma surpresa para mim. Na medicina, o numerus clausus, cuja lógica decorre menos da planificação escolar do que da vontade de salvaguardar as pensões reduzindo as despesas com a saúde, cria verdadeiros desertos médicos em certas regiões e carências em certas especialidades como a oftalmologia; há muito espaço no mercado para graduados com formação internacional. Se as comunidades das comunas do Drôme ou das Cévennes se organizam para trazer um médico romeno, por que não recorreriam a um médico francês formado na Romênia? Não há evidências de que treinar no exterior seja pior. É certo que os alunos formados na França dominam o cálculo diferencial, gergelim para passar no segundo ano. Mas isso não os torna melhores médicos.

Depois de alguns cliques na Web, as coisas ficam mais claras.

A Roménia oferece-se para acolher estudantes por cerca de 5.000 euros por ano, aos quais devem ser adicionados um mínimo de 5.000 euros para alojamento e alimentação. As aulas são dadas em francês nos três primeiros anos. "É então necessário falar romeno, em particular para se comunicar com os pacientes", especifica medecineroumanie.org.

Mais caro: um aluno que está prestes a se formar lá em odontologia me diz que a Espanha tem a melhor avaliação. As universidades particulares, que oferecem cursos de francês, formam médicos, dentistas ou veterinários. Ela e seus pais planejam um orçamento de 30.000 euros por ano: 16.000 euros para taxas escolares e 14.000 euros para administração. Mais de cinco anos, é, portanto, um plano de gastos de 150.000 euros, uma cifra que o deixa tonto. "No entanto, vale a pena o esforço", diz ela com autenticidade. O custo das inserções não vai cair.

Cinco ou uma década antes, os exilados eram alunos que haviam fracassado no teste duas vezes, mas que estavam preparados para efetivamente se tornarem especialistas. Atualmente, os bacharéis saem sem dar uma facada na França, já que é menos angustiante.

Claramente, esta evasão selvagem da determinação coordenada pelas faculdades incita respostas. Em princípio, depois de ter avançado em suas investigações no exterior, é possível concluir as avaliações de concurso público na França, uma avaliação que suplantou o concurso de escola ao vivo. No entanto, sob tensão do Conselho de Solicitação e especialistas aparecendo no mercado de trabalho, o governo deve impedir que alunos que fracassaram duas vezes na França continuem seus estudos lá depois de ir para o exterior.1.

Como não é difícil ficar de castigo por cinco ou oito anos, uma proposta mais despretensiosa está se concretizando. O Free Place for Worldwide Advanced Education (CLESI) oferece substitutos (por 6.500 euros a 9.500 euros por ano, sem diferença de qualquer maneira), em todas as forças clínicas e paramédicas, dois anos de preparação na França e, nesse ponto, os envia a Portugal para terminar o curso e obter um reconhecimento. "O CLESI não dá nenhum certificado na França. Ele prepara alunos para obter um reconhecimento europeu e especificamente no Colégio Fernando Pessoa do Porto com o qual o CLESI consentiu em um acordo de conexão acadêmica", especifica seu site. Um detalhe importante: por não emitir diploma, o Centro não precisa de credenciamento. Uma alteração tardia da lei de agosto de 2013 visa evitar esta evasão ao obrigar estes centros a celebrar um acordo com uma universidade francesa; em março de 2015, ainda se aguardava o decreto de implementação.

A explosão do numerus clausus parece, portanto, estar no caminho certo.

estudos de alto vôo

Informado por esse episódio, me mostro mais atento às informações emanadas de meus alunos e descubro que o setor médico não é o único afetado por essas estratégias de evasão. Um segundo aluno bastante medíocre me explicou um dia que depois de uma série ES ele se tornaria um piloto de linha aérea. Ele já está tendo aulas de voo. Como lhe ressalto que são estudos difíceis, reservados a cientistas, ele responde com a certeza de que irá para uma escola particular. Assim aprendo um pouco mais sobre esse trabalho que faz muitos adolescentes sonharem. Na França, a formação de pilotos é ministrada por uma escola pública de alto nível, a ENAC (Escola Nacional de Aviação Civil). Selecionados a partir de um supletivo de matemática – curso preparatório para as Grandes Escolas de Ciências, que recruta graduados em ciências de alto nível –, menos de 2% dos candidatos são selecionados para um curso de formação de dezoito meses. As propinas ascendem a 610 euros por ano. Entendo que meu aluno, cujo nível nem permite que ele vá para a primeira ciência, tenha procurou uma alternativa.

Isso existe no Canadá ou na Bélgica. Um bacharel com um nível correto em matemática e física sem necessariamente ser um cientista pode ingressar em uma escola particular como a Belgian Flight School e obter sua certificação. A parte mais difícil é pagar as taxas de inscrição. "Voar é caro", diz o site da escola. É verdade que as escolas de odontologia espanholas se saem mal em comparação: o programa de 21 meses, seguido na Bélgica e na Flórida, custa ao piloto aprendiz (e, acima de tudo, à sua família) a módica quantia de... 82.900 euros. Adicione alguns custos diversos, incluindo um crachá de acesso ao aeroporto cobrado a 65 euros (!) e o custo total da formação atinge cerca de 90.000 euros. O diploma é reconhecido em toda a Europa, mas não é garantido o emprego no final da formação;

Vamos resumir. Remuneradas e com uma imagem muito positiva entre os jovens, certas profissões são assoladas. Veterinário, médico, piloto são sonhos de infância que se tornaram vocações. Para evitar, por exemplo, que os veterinários tenham por dia apenas dois poodles e um canário, o acesso a essas profissões é travado por competições cada vez mais difíceis. Podemos desafiar os métodos de seleção, que são necessariamente arbitrários. A Alemanha, certa vez, chegou a recrutar estudantes de medicina por sorteio – o que tinha o mérito de colocar todos em pé de igualdade.

Exceto que o acesso a essas profissões agora pode ser adquirido; caro e às escondidas.

Do ponto de vista moral público, isso é embaraçoso. Para um sistema baseado na meritocracia, esse desvio é um desastre. Mas, enquanto o número de pessoas e profissões em questão permanecer limitado, enquanto não for amplamente conhecido, o sistema pode sobreviver lá e continuar como antes, milhares de estudantes jogando o jogo da seleção.

Para testar esse pensamento, me dei as boas-vindas a Muriel, cuja filhinha Chloé está em seu ano mais memorável de medicação em Paris-V-Descartes. A rica família mora em uma região de classe média da capital. Eu recordo que em baixo na escola secundária confidencial Saint Jean de Passy, Chloé retratou como "caillera de Janson" os suplentes da escola secundária vizinha renomada Janson de Sailly. No entanto, ela cresceu. Ela tem a cabeça apoiada nos ombros e seus pais não permitiriam que ela deixasse de lembrar o valor do dinheiro. Ela se intromete em sua noite diligente para tomar chá conosco. Pergunto se ela sabe da possibilidade de se concentrar na Romênia ou na Espanha.

— Claro. Nós, como um todo, percebemos pessoas intrigadas com isso. De qualquer forma, olá, o que eles vão fazer imediatamente? Eles poderiam se tornar substitutos, chefes de instalações? Eles podem, em algum momento, ser reconhecidos como especialistas? De qualquer forma, em Descartes, todos percebem que a oposição é mais problemática do que em qualquer outro lugar. Se as pessoas decidirem vir para lá, é para ter um nível decente e poder escolher sua especialidade no final do quinto ano. Se não, você deve ir para Amiens e dobrar suas chances de sair por cima.

Mas não te choca que possamos contornar a seleção se tivermos pais que podem gastar 10.000 euros por ano para a Romênia ou até mais para a Espanha?

É uma pena. Mas não é como se fosse de graça na França, ela responde olho por olho.

Que ? Os estudos médicos não são mais gratuitos?

Não, eles não são mais .

Preparações muito saudáveis

Calma, metodicamente, Chloe me conta sobre o dinheiro. E descubro que um novo mercado foi criado discretamente. Em teoria, é bem possível fazer cursos universitários, revisar, passar em concursos, ter sucesso sem gastar nada. Mas, em média, apenas 10% dos alunos passam o segundo ano em Paris, Marselha ou Montpellier. As chances de quem compra cursos complementares de organizações privadas como Médisup, Supsanté ou Excosup aumentam consideravelmente. A Médisup tem assim uma taxa de sucesso de quase 50% nas várias universidades.

Essas preparações são vendidas em kit: você pode fazer um curso pré-vestibular ou não, escolher as disciplinas em que sente necessidade de ajuda, fazer concursos simulados, optar por cursos de revisão, etc. No total, uma preparação relativamente completa custa cerca de 5.000 euros, o mesmo preço da formação na Roménia. No entanto, essa despesa cobre apenas o primeiro ano... que costuma durar dois anos, já que dois terços das receitas são repetidoras em muitas faculdades. Poderia muito bem contar 10.000 euros.

Um novo nicho foi aberto recentemente. Algumas preparações particulares oferecem um "ano zero" entre o bacharelado e o primeiro ano de medicina, por um valor de cerca de 8.000 euros. Isso é de particular interesse para os alunos que não foram aprovados em um bacharelado em ciências e esperam recuperar o atraso em ciências dessa maneira. Eles também oferecem cursos e estágios na turma do último ano. Nada é planejado em segundos para os futuros médicos, mas é apenas uma questão de tempo.

Três em cada quatro alunos seguem agora um curso preparatório, um "estável", como se diz em Marselha, além dos cursos universitários. Súditos brilhantes que traçam seu rumo sem recorrer ao privado são a exceção. A lógica da competição é obter resultados melhores que os outros, todos temem estar menos preparados se fizerem sem preparação. Um cursinho pré-vestibular, por exemplo, identifica as principais disciplinas que serão abordadas no primeiro semestre e já começa a preparar para o concurso. Assim, a disciplina mais exigente, a física, pressupõe o domínio do cálculo diferencial. No entanto, essa técnica matemática não aparece mais no currículo do ensino médio. Aqueles que são apresentados a ele durante o curso de pré-entrada estão obviamente em vantagem. Eles chegam mais confiantes, mais bem preparados, menos sobrecarregados com o ritmo das primeiras semanas. Além disso, explica-me Chloé, durante o estágio fizeram-se amizades, formaram-se grupos de trabalho. Quem ainda não acompanhou tem a sensação de estar fora do jogo.

Em Descartes, Chloé conhece a filha de um taxista que está cursando a escola preparatória para realizar o sonho do pai de ter uma filha médica. Ela notou que seu pai estava voltando para casa mais tarde do trabalho desde que ela estava na faculdade. Então, quando os dois alunos se cansam de recitar suas aulas de anatomia e começam a misturar a articulação facetária fibular e a incisura tibial fibular, é ela quem insiste em trabalhar um pouco mais.

— É uma loucura selecionar conceitos que os alunos mal descobrem, ressalto. Se bem entendi, o sistema preparatório prospera nas fraquezas da universidade.

— Você não sabe o quão certo você está. A faculdade é um absurdo. Os anfiteatros estão tão lotados que estão montando um segundo, com projeção em vídeo do percurso. Em Bichat, são até três. De repente, há barulho, gente rindo, repetentes que atrapalham propositalmente a aula que já anotaram. Você está chocado? Mas tem coisa pior: repetidores que te dão informações falsas no começo do ano, por exemplo. De qualquer forma, as lições são incompreensíveis se você não as tiver trabalhado antes.

— Mas você pode tirar dúvidas nos tutoriais, caso não tenha entendido.

Não?

Ela dá de ombros. Há apenas seis horas de tutoriais por semana no primeiro semestre e tutoriais de uma hora e meia a cada duas semanas no segundo semestre. Além disso, as aulas universitárias cessam um mês antes da competição. Gostaríamos de abrir um espaço privado que não faríamos de outra forma. O setor privado prospera com as deficiências da educação pública e não hesita em torná-las conhecidas.

Não sem sadismo, a Excosup especifica na página inicial de seu site:

Na faculdade, as aulas do PACES são organizadas na forma de palestras que acontecem em anfiteatros, por vezes lotados e muitas vezes transmitidos por videoconferência. Isso contrasta fortemente com as turmas pequenas nas escolas secundárias públicas e privadas. O aluno fica assim sozinho a cargo das notas do curso, sua transcrição e sua assimilação em tempo recorde em condições diferentes das de uma turma do ensino médio.

eu recomeço:

— Os preparativos estão realmente mais organizados?

— Claramente, responde Chloe. Eles estão localizados bem ao lado das universidades, para não perder tempo. Seus horários são adaptados aos da universidade. Recebemos folhas de curso muito claras e os referentes vêm nos ver o tempo todo para nos perguntar se entendemos.

— Você pode me explicar o que são referências? Ela se permite um sorriso.

— São alunos do segundo ano que são pagos pela Médisup e que nos ajudam. Eles estão presentes antes e depois da aula, respondem a perguntas. Não sei como eles os selecionam, mas estão todos bem vestidos, roupas de grife, boa apresentação... Talvez o dinheiro que ganham sendo referenciadores.

— Paga ? Ela acena com a cabeça.

— Parece que o melhor são as inscrições de julho. Eles são pagos para anunciar a preparação e recrutar alunos. Eles podem fazer 2.000 euros em um mês. Depois, são mais uns 400 euros por mês. Em todo o caso, todos se candidatam assim que são conhecidos os resultados do primeiro ano e os alunos preparatórios apenas têm de fazer a sua escolha.

Aprendo também que os professores preparatórios podem ser professores do CPGE (turma preparatória para as Grandes Écoles), mas também professores da faculdade de medicina. Chloé não parece ver o problema ético colocado por tal situação, o professor pode ter informações não públicas sobre os cursos ou as disciplinas. O site Médisup não poderia ser mais claro: os professores "sabem as exigências de cada professor da faculdade". "A Médisup Sciences sabe como apoiar e muitas vezes até antecipar mudanças no programa. Prefiro não insistir nisso.

Outro negócio lucrativo envolve exames. Como

consequência da centralização à francesa, a igualdade de tratamento dos candidatos implica exames idênticos, realizados por todos os candidatos no mesmo local. As competições, portanto, apresentam uma verdadeira dor de cabeça logística. Frequentemente acontecem em salas amplas e isoladas, cujo exemplo mais bem-sucedido é o centro de exposições Villepinte, ao norte de Paris, que às vezes recebe mais de cinco mil candidatos. Destinado a feiras, é um enorme galpão, no qual os alunos ficam sabendo da quantidade de pessoas que querem passar no mesmo concurso que eles.

Villepinte é acessível pelo RER B, conhecido por sua falta de confiabilidade. Trêmula, Chloe me conta a história horrível de uma estudante ofegante que chega correndo, mala na mão e esbarra em uma atendente inflexível que a proíbe de compor. Com dois minutos de atraso, ela terá que voltar em um ano. Na verdade, candidatos estressados geralmente preferem ficar no local. Assim que as datas da competição são anunciadas, os hotéis são tomados de assalto. Os mais bem colocados às vezes são preenchidos em um dia.

Tanto em exames quanto em feiras, os preços dobram, triplicam ou até aumentam dez vezes, segundo a Associação dos Estudantes de Medicina, que organizou uma testagem por telefone. Os quartos custam então cerca de 400 euros para três noites, ou seja, um orçamento de cerca de 1.000 euros para as duas sessões de exames em dezembro e maio.

A escola do dinheiro

Entre a medicina e os pilotos de avião, estou dividido. Os estudos médicos são longos e difíceis e a medicina é em grande parte um serviço público. Como podemos aceitar a discriminação por dinheiro? Não é preciso ser um hussardo negro da República para se indignar com esta grave alteração do nosso sistema educacional. Resta saber se se trata de uma situação excepcional, ligada à popularidade de algumas profissões, ou se é sinal de uma evolução mais geral. Eu queria liderar a investigação e me pareceu que não estava na pior posição para isso.

Em 2012, um colega e amigo me disse que estava deixando o cargo em um colégio muito bom, localizado em um dos bairros mais chiques de Paris. Querendo uma mudança, aceitei o emprego dele (claro que as coisas não são tão simples, mas você pode não querer saber). Então aqui estou eu no colégio François Quesnay [2], em um prédio tombado, parecendo um castelo. Uma escada em caracol, forrada com um grosso tapete, leva à sala do diretor com portas duplas acolchoadas dignas de um ministério. Os membros do governo não hesitaram em intervir para que um protegido fosse admitido no estabelecimento. Por uma divertida mímica social, muitos professores usam terno e gravata. Pela primeira vez na minha carreira, alguns colegas estão me usando como você. No entanto, os professores das classes preparatórias às vezes se misturam com os "soldados de infantaria" do liceu e do colégio, num ecumenismo democrático que não é a realidade de todos os grandes liceus.

À primeira vista, os alunos estão lá como em qualquer outro lugar, exceto que todos dizem

" olá " e "adeus" e parecem saídos de uma Apple Store. Alguns têm um endereço de e-mail que termina em monnomdefamille.fr. Um colega me informa gentilmente que o pai de fulano trabalha no gabinete de um ministro e que outro dirige um canal de televisão. Ao longo dos meses, descubro alunos que fazem aulas particulares na primeira série ruim, têm treinadores, se preparam para o Sciences Po aos sábados em escolas particulares ou fazem cursos de matemática durante as férias curtas. Após o bacharelado, eles continuam com uma escola de negócios ou engenharia, em preparação, mas também em universidades canadenses ou inglesas. Tudo isso tem um custo.

Este colégio é, portanto, o local ideal para observar as mil e uma maneiras pelas quais o dinheiro pode energizar ou endireitar uma carreira escolar. Discutir com meus alunos e seus pais abre muitos caminhos para mim. O dinheiro está em quase toda parte. Cada vez que falo sobre isso perto de mim, família, amigos, colegas têm histórias para contar, coisas para acrescentar. Mas essas violações da igualdade republicana permanecem atribuídas ao tropismo desta ou daquela área, permanecendo livre o princípio geral. Na realidade, uma vez completada a mesa, é a imagem de um sistema profundamente corrupto, no qual o dinheiro faz a diferença, que emerge. A crise financeira de 2008 revelou a evolução da relação com o dinheiro no nosso público em geral e dinamizou a "batalha por lugares3". Teria sido surpreendente presumir que a escola tivesse sido salva. É impressionante o jeito que ela mudou. Da mesma forma que o financiamento paralelo, utilizado por indivíduos abastados, funciona despercebido das organizações administrativas e atualmente movimenta mais dinheiro do que os bancos convencionais, um arquipélago de fundações privadas estrutura o que se poderia chamar de "escola paralela".

Este livro mostra todo o impacto do caixa no caminho arremessado de armadilhas que leva do suporte ao trabalho. Ele fornecerá vários planos para todos os guardiões de alunos que não têm a menor ideia de como gerenciar seu talão de cheques e muitas explicações por trás da ira para outras pessoas. Pelo que vi ao meu redor, foram concebidas indagações aparentemente básicas: Como você chegaria ao Lycée Quesnay? Por que razão mesmo os frágeis alunos de Quesnay obtêm o bacharelado? Por que meus alunos são bons em dialetos? Por que prevalecem no ensino superior, em todo caso, quando seus estabelecimentos são delicados? Por que razão eles se recusam tenazmente a ir para a faculdade?, e assim por diante. São tantas as indagações que tento responder sem restrições, expondo as complexidades de um sistema escolar degradado

Notas introdutórias

1. Um primeiro decreto nesse sentido, publicado em 2011, foi entretanto contestado pelo Conselho de Estado em decisão de 23 de janeiro de 2013, na sequência de uma reclamação de estudantes de Cluj (Roménia).

2. O desejo de usar um nome fictício, de um grande economista, cujo nome não existe em nenhum colégio da França, pareceu-me apropriado.

3. Michael L.USSAULT, Da luta de classes à luta por lugares, Grasset, coll. "Mundos vividos", Paris, 2009.

1

Sobre a desigualdade dos estabelecimentos

uma criança de CSP+ tem em média o dobro de colegas CSP+ em sua classe do que uma criança que não vem de pais CSP+ [1].»

L tem primeiro I relacionado à desigualdade e no ar pessoas você é o i negativo qualidade dos prédios escolares que uma criança pode acessar. Ela não vai sozinha. Afinal, a França é um país centralizado. A autoridade do Estado impõe o recrutamento de professores em escala nacional, o que existe em poucos países. Os horários dos alunos e a distribuição das disciplinas também são nacionais, do ensino fundamental ao ensino médio. Os programas são harmonizados. Vista de longe (da rue de Grenelle, por exemplo), a paisagem escolar assemelha-se a um gigantesco exército, uniformizado, marchando em uníssono. Certamente é possível que algumas escolas sejam melhores do que outras, por causa da população que acolhem, mas a educação oferecida e as chances de sucesso de um aluno com um determinado nível inicial devem ser as mesmas em todos os lugares.

Não é assim. O abismo entre os estabelecimentos aumenta um pouco mais a cada dia. À procura dos menores contrastes, um número crescente de tutores de alunos está bem informado sobre essas distinções de qualidade. Eles também são ajudados pelo posicionamento das escolas secundárias distribuídas todos os anos pelo serviço na primavera, que o Le Figaro decifra de maneira razoável ao apresentar um artigo: "Onde você precisa residir para prevalecer na escola ?2 ? »

Seja como for, as coisas estão surpreendentemente confusas. Os fundamentos não são homogêneos nem diversos nivelados de forma implacável, desde o ensino médio dos ricos até o ensino médio dos pobres. Dessa forma, em setembro de 2013, uma de minhas turmas adquiriu um horrendo educador estudantil. Sempre tomando antidepressivos, ele compensa sua falta de poder com notas que são tão altas quanto podem ser incongruentes e realmente não educam. Pode-se ponderar sobre o sistema de matrícula que gera esse tipo de variação, mas é uma realidade. A resposta dos guardiões aos substitutos é intrigante. Eles estão obviamente escandalizados com o fato de seus filhos serem compartilhados com mãos tão sem talento, mas, acima de tudo, isso é concebível em Quesnay. Alguns vão mais longe e consideram que o empreendimento imobiliário que fizeram para os filhos frequentarem esta escola deveria protegê-los deste tipo de risco. Não é o caso. Caso a decisão do diretor de uma escola secundária como Quesnay não seja arriscada, os educadores de lá são impactados pela grande roda de organização dos deficientes visuais. Uma escola secundária decente não é insensível a erros de projeção.

Além disso, o que é uma escola secundária decente? O reflexo primário é decidir sobre os resultados. Por esta régua de medição, a escola secundária Quesnay é incrível. Não obstante, aqui estão alguns comentários negativos recolhidos em fóruns da Internet: "Francamente, um colégio muito ruim, a ser evitado. Extremamente elitista, sem apoio estudantil. Se você não gosta de matemática, vá em frente"; "Apesar dos resultados no bacharelado... Uma atmosfera feia. Um elitismo frenético". Então, no que você deve acreditar?

Resultados muito heterogêneos

A taxa de sucesso para a patente da faculdade varia de 36% a 100% em Paris. Nacionalmente, as cinquenta melhores faculdades têm mais de 93% de graduados com honras. Por outro lado, os cinquenta piores, menos de 37%. E não dá certo. Os estudos do Ministério da Educação Nacional relatam um aumento das diferenças de nível entre as faculdades entre 1993 e 2001, depois entre 2003 e 2009 [3]. É provável que a tendência tenha se tornado mais pronunciada desde então, como mostram as pesquisas do PISA [4] apenas no nível da matemática.

Todos os países têm boas e más faculdades. Mas a França se destaca com diferenças particularmente altas. Estudos europeus sobre o nível de leitura nas faculdades mostram que quase 60% das diferenças de nível entre os alunos estão ligadas às diferenças de nível entre estabelecimentos na França, em comparação com 10% a 15% nos países escandinavos. [5]. Em outras palavras, a heterogeneidade é muito mais forte na França. A situação é mais ou menos comparável na Alemanha, mas este país tem três tipos de estabelecimentos e nenhuma faculdade . A mesma constatação é feita em todos os níveis do sistema de ensino e culmina com as aulas preparatórias, incrivelmente concentradas, já que os liceus do 5º arrondissement de Paris (2,5 km2) produzem mais normaliens do que o resto do país! Entre os melhores prépas da França – cujos alunos acessam as melhores escolas – apenas 25%

estão localizados nas províncias para os prépas

comercial, 30% para científico e 45% para literário.

É mais difícil destacar as desigualdades entre as escolas de ensino médio. As listas de prêmios, das quais a mídia faz grande uso, estão dando resultados nada espetaculares no momento, porque menos de uma escola secundária em vinte e cinco tem uma taxa de sucesso inferior a 80%. A situação mudará obviamente quando a imprensa publicar listas de prémios com base na proporção de menções ou integração em aulas preparatórias, por exemplo... que não tardarão a chegar. Tal desdobramento reforçaria as críticas dos vencedores, acusados de passar uma mensagem de desigualdade aos pais de alunos: "Os colégios são de nível muito variável. Faça o seu mercado. Uma mensagem que só pode acentuar o consumismo escolar.

O problema é que esses resultados medem mais as diferenças de qualidade dos alunos do que das escolas. Durante meu primeiro ano em Quesnay, quando ainda não conhecia os alunos, apresentei ao segundo um pequeno texto sobre o significado social do consumo. Um menino interveio e lançou grandes desdobramentos no pensamento de Jean Baudrillard, que aparentemente não tinha segredo para ele. Eu respondi a ele, mas tive que terminar rapidamente nossa troca, porque o resto da turma estava completamente sobrecarregado. Não há dúvida de que este brilhante aluno obterá uma menção de "muito bom", ou mesmo um prémio no concurso geral. Mas ele deve isso a Quesnay, aos meus ensinamentos ou a uma cultura pessoal e familiar excepcional?

Para medir o desempenho das escolas de ensino médio, e não sua composição social, o ministério calcula um "valor agregado" de cada estabelecimento, comparando seus resultados com os resultados médios correspondentes à composição social de sua população. Este indicador mostra que algumas escolas de ensino médio estão se saindo muito melhor do que sua localização ou população poderia sugerir. Assim, 85% dos alunos da escola secundária de Montesquieu em Bordeaux passam no bacharelado, enquanto seriam 93% se a taxa de sucesso do estabelecimento correspondesse ao que sua composição sócio-profissional dá em média. Por outro lado, 96% dos candidatos do colégio Anatole de Monzie, em Bazas, são recebidos, oito pontos a mais do que o esperado para este estabelecimento.

Se os pais dos alunos se apropriassem dessas informações, poderiam dar uma chance a escolas de ensino médio de alto desempenho em relação à população que acolhem. Mas eles fazem muito pouco. A maioria dos pais não faz perguntas, os restantes baseiam-se sobretudo em contactos pessoais e reputações, que nem sempre estão ligadas a resultados. Esses efeitos de reputação funcionam nos dois sentidos. Assim, os universitários desfavorecidos de Montfermeil, em Seine-Saint-Denis, têm muito medo de ir ao Lycée du Raincy, tido como exigente, e procuram evitá-lo.

As universidades também têm públicos e níveis

diferentes, dependendo de onde estão localizadas. Mas esse contraste só é evidente em cidades muito grandes, que possuem várias universidades e dão prioridade ao aluno da academia em que está matriculado no último ano. Entre os novos bacharéis que chegam ao Paris-II-Panthéon-Assas (academia de Paris), 5% têm bacharelado tecnológico e 1% bacharelado profissional; 24% têm atraso escolar. Em Paris-XIII-Villetaneuse (academia de Créteil), 42% têm bacharelado tecnológico, 18% bacharelado profissional e 54% estão atrasados. Apenas um quarto dos alunos vai para o segundo ano após o primeiro ano de licença, nesta universidade localizada na parte mais carente da Île-de-France. Estes resultados muito fracos (a média nacional é de 43%) podem ser explicados apenas pela origem sócio-profissional dos alunos.

Um bom estabelecimento seria, portanto, antes de mais nada, aquele que tem bons alunos, mesmo que tenha uma boa reputação. Depois de passar oito anos no ensino médio

" difícil ", classificada em ZEP (zona prioritária de educação), zona sensível e zona de prevenção à violência (a tríplice coroa!), trabalho hoje no colégio público mais favorecido da região. O que diferencia esses dois mundos?

chefe de trabalho

A boa reputação de um estabelecimento está muitas vezes ligada à sua antiguidade. No entanto, faculdades e escolas secundárias foram construídas primeiro nos bairros burgueses das cidades, bairros populares e áreas rurais dificilmente enviando crianças para esses estabelecimentos até a década de 1960. Esses bons estabelecimentos estão, portanto, localizados "naturalmente" em bairros agradáveis.

Desde meu ingresso na Educação Nacional, há mais de trinta anos, tenho visto muitos "novos colégios", construídos na periferia da área urbanizada. Muitas vezes são antigos estabelecimentos técnicos reconvertidos, o que sua arquitetura denuncia: em geral, um conjunto de cubos com esqueleto aparente, colocados sobre uma superfície de concreto enfeitada com árvores espigadas. Conscientes da tristeza do edifício e de sua total falta de identidade, os arquitetos ou administradores às vezes o pintam com cores berrantes ou rebocam um afresco em sua fachada.

Pelo contrário, a escola secundária do centro da cidade costuma ser construída com cantaria e tijolo. As suas altas janelas de treliça e a majestade do seu alpendre conferem-lhe um certo fascínio. Organiza-se em torno de um pátio central plantado com castanheiros ou plátanos. Existe ainda, por vezes, um monumento aos mortos, testemunho das gerações passadas nos seus corredores, ou mesmo uma capela que recorda um passado glorioso. Mesmo que esses antigos estabelecimentos deixem passar correntes de ar e sejam terrivelmente barulhentos, eles só podem inspirar nos estudantes um respeito que dificilmente conquista as construções sem graça das últimas décadas.

Lembremo-nos do óbvio: os bons alunos são mais numerosos nos meios privilegiados. Claro, alunos brilhantes vêm de todas as esferas da vida. O sociólogo Pierre Bourdieu é o melhor exemplo. Enquanto seu trabalho mostra que a escola favorece os privilegiados, sua história pessoal ilustra, ao contrário, a capacidade da escola de, às vezes, distinguir alunos de meios modestos. Filho de camponeses de Béarn, foi um excelente aluno e, como tal, ingressou no liceu de Pau, onde é estagiário. Um de seus professores o encorajou a se inscrever no hypokhâgne de Louis-le-Grand, uma prestigiosa escola secundária parisiense. Admitido na École Normale Supérieure da rue d'Ulm, tornou-se professor associado de filosofia e encerrou a carreira como professor do Collège de France, o Everest da escola francesa.

Mas esse exemplo significa apenas que as exceções confirmam a regra, que afirma que a probabilidade de sucesso escolar de uma criança está ligada à sua origem social. A tendência está de fato firmemente estabelecida. Por exemplo, um aluno cujos pais são classificados como executivos e profissões intelectuais superiores tem quinze vezes mais chances de frequentar uma aula preparatória para as Grandes Escolas do que um filho de trabalhadores. [6].

Todos os dados estatísticos confirmam isso.

No entanto, poucas investigações se concentram explicitamente no impacto da remuneração. Olhando com cautela, localizei um foco da INSEE (Fundação Pública de Medidas e Exames Financeiros) sobre atraso escolar7. Ela, portanto, nos informa que 18% das crianças estão atrasadas na escola aos dezoito anos, quando seus pais estão agrupados entre os 20% da população com os ganhos mais notáveis, embora metade esteja entre os 20% com menos meios de subsistência. salário mais mínimo. Em nível educacional semelhante aos dos guardiões, um salário da liga principal está relacionado com melhores possibilidades de realização escolar para os jovens.

É de se esperar. Por exemplo, ter um quarto individual foi mostrado para aumentar o desempenho escolar essencialmente. Determinação: o número de habitantes em uma área abastada tem um nível instrutivo acima do normal.

As melhores escolas têm os melhores professores?

Quando eu trabalhava em uma escola de ensino médio muito carente, várias vezes aconteceu de um aluno, geralmente bem-intencionado, me perguntar: "Senhor, o senhor não acha injusto que escolas boas tenham todos os melhores professores? Depois de lhe agradecer o apoio moral, expliquei-lhe que, ao contrário do que se possa supor, os melhores professores não estão necessariamente nos estabelecimentos adequados. São os mais procurados, pois são os mais bem localizados e os mais frequentados, portanto os mais tranquilos e próximos dos bairros onde os professores desejam morar. Sem entrar nos mistérios das atribuições, cuja complexidade só é dominada por alguns sindicalistas ultraafiados [8], as chances de um professor ser nomeado para a simpática escola secundária de sua escolha no centro da cidade aumentam regularmente com sua nota, e portanto, com sua antiguidade. Os recém-chegados ao colégio François Quesnay costumam mostrar o alívio do náufrago por finalmente aterrissar.

Esse bônus de antiguidade vem do fato de que a avaliação dos professores beira a piada. Por um lado, realizam-se fiscalizações de curtíssima duração, cinco a dez vezes em quarenta anos de carreira. Em geral, cada inspeção resulta em um aumento na classificação. Aqueles que tiveram a chance de serem inspecionados com frequência são, portanto, os mais bem avaliados. Por outro lado, o diretor formula um parecer anual sobre a pontualidade, a seriedade, a energia no trabalho do professor. Esta segunda estimativa resultante de observações contínuas poderia, sem dúvida, ser mais relevante. Mas as leis que regem o funcionamento da administração fazem com que a grande maioria dos professores, bons ou maus, cheguem aos 40/40 após vinte e cinco anos de carreira (observe que leva muito menos tempo na Córsega,

Como um professor bem avaliado é, na maioria das vezes, um professor antigo, bons estabelecimentos têm em sua maioria professores mais velhos. Certamente experientes, tendem a ser conservadores em suas práticas pedagógicas, quando não lhes falta dinamismo e investimento. Aqueles que começaram mal provavelmente pioraram com a idade. Em suma, eles não têm motivos para serem melhores do que em estabelecimentos menos chiques. Pelo contrário, os professores inovadores, que lutam para interessar os seus alunos, são mais numerosos em estabelecimentos difíceis, porque para eles é uma questão de sobrevivência. Se eles se contentam em reproduzir, ano após ano, uma aula essencialmente expositiva, o tédio dos alunos rapidamente se transforma em reclamações incontroláveis. Se eles erram no exercício por falta de preparo e demoram cinco minutos para retomar a aula, a turma foge deles, o barulho aumenta e é muito difícil restabelecer a calma. A única solução para eles será partir para um estabelecimento mais tranquilo. Em última análise, apenas bons professores podem resistir em maus estabelecimentos.

Obviamente, o paradoxo não deve ser levado longe demais: os bons alunos também motivam os professores a dar o melhor de si, pela curiosidade e pelo rigor intelectual; e a falta de experiência dos iniciantes é obviamente uma desvantagem. Mas podemos concluir com segurança que os professores não são melhores em boas escolas secundárias. A única vantagem real dos estabelecimentos respeitáveis é que os professores que aí são nomeados vêm e as substituições são mais garantidas.

A reunião de pré-entrada no Lycée Quesnay é uma reunião de família. Contamos as nossas férias e apresentamos os poucos novos, que substituem os que já se reformaram. Num estabelecimento despojado, é mais desportivo. Os novos, que às vezes representam metade da força de trabalho, nem sempre estão presentes. Alguns trabalham em duas instituições e virão depois, outros adiam o estágio ou pedem demissão, alguns ainda não foram marcados. É improvável que o objetivo de ter um professor à frente de todas as classes desde o primeiro dia seja alcançado.

Este ano, na retomada de janeiro, pânico em Quesnay: um professor de matemática, responsável por duas turmas de terminais, está afastado por dois meses. Contra todas as probabilidades, em tal caso, os serviços reitoriais não têm mais soluções para o Lycée Quesnay do que para um colégio privado. Porém, a direção ativa suas redes e, com a atratividade do estabelecimento ajudando, a escola acaba encontrando professores experientes que cada um aceita dar algumas horas, onde um estabelecimento menos avaliado ficará privado ou verá a chegada de um aluno que nunca ensinou.

Progredimos mais numa boa escola?

Os sociólogos da educação têm procurado responder a esta questão comparando a evolução do desempenho de alunos com um nível inicial equivalente, mas que estudam em turmas com um nível médio diferente. Veredicto: "Um menino do CE1, com nível inicial igual a 100, em que nem o pai nem a mãe sejam de origem social desfavorecida, educado em uma das quinze classes mais desfavorecidas, terá nota de final de ano em francês de 97,9 contra uma pontuação de 101,3 para um aluno comparável frequentando uma das quinze classes mais favorecidas [9]. Em outras palavras, os alunos progridem um pouco mais rápido em uma classe boa do que em uma classe fraca. Mas esse efeito, de magnitude limitada, não é encontrado em todas as pesquisas.

Uma família pode, portanto, ter interesse em tentar colocar uma criança de nível médio em um estabelecimento de bom nível. Desde que não seja verificado, ele geralmente progredirá um pouco mais rápido lá. Um bom estabelecimento também permitirá que um bom aluno se avance, porque os professores vão além do programa, quando não iniciam o do ano seguinte em abril.

Além disso, as ambições dos alunos são maiores em boas escolas. Todo mundo está olhando para cima. Assim, uma aluna de origem muito modesta, que veio para o Lycée Quesnay de uma faculdade carente como parte de um projeto limitado a algumas pessoas, ingressou em uma escola preparatória, o que provavelmente não teria feito se tivesse ido para o bairro dele. ensino médio. Enquanto ela hesitava em sua orientação, lembro-me de seus companheiros insistindo: "Com o seu nível, você tem que ir. Da mesma forma, as entrevistas realizadas com os alunos que ingressaram na Sciences Po Paris através do programa "ZEP [10] » mostram que o primeiro interesse deste caminho paralelo é mostrar-lhes que esta grande escola «poderia ser para eles». A faculdade e o ensino médio são muito menos seletivos do que no passado, a falta de ambição e a autocensura dos jovens de origens desfavorecidas muitas vezes explicam por que eles se saem menos bem em seus estudos, no mesmo nível inicial, do que os alunos de mais origens ricas.

Em muitas faculdades carentes, professores e orientadores exaltam os méritos das escolas profissionalizantes, insistindo em enviar alunos do nono ano de padrão adequado, tanto para evitar que esses estabelecimentos sejam vistos como cursos de rebaixamento quanto porque temem o fracasso de seus alunos em geral segundo. Os jovens dirigem-se, assim, para a vertente vocacional, podendo seguir o ensino geral e aspirar a um diploma superior. [11] . À autocensura dos alunos acrescenta-se, portanto, a dos professores.

Outra vantagem, talvez mais importante: em um bom estabelecimento, a condição de bom aluno é vivenciada de forma positiva. Nos estabelecimentos menos favorecidos, o bom aluno, frequentemente chamado de "bufão", é perseguido impiedosamente. Considerado um traidor pelo simples fato de jogar o jogo, ele é acima de tudo a prova viva de que é possível ter sucesso em uma faculdade fraca, o que invalida os discursos de autojustificação dos demais alunos, que atribuem sua reprovação a " sistema" e à sua injustiça (o que não é falso), exonerando-se de toda responsabilidade pessoal (o que não é necessariamente justo).

Em geral, os alunos se saem melhor em uma boa instituição. Mas esse provavelmente não é o motivo mais convincente que mantém os pais em busca de boas escolas.

Sábado, 14h Encontro de professores do Lycée Henri IV, em Paris. Está quente. Ao passar sob os arcos do claustro, o sol ilumina uma sala aberta para o exterior. Ouvimos apenas o leve choque das peças colocadas com mão firme em seu quadrado. Estamos no clube de xadrez do ensino médio e do ensino médio. Nenhum adulto supervisiona os alunos, perfeitamente concentrados em seu tabuleiro de xadrez; um sonho de juventude estudiosa e tranquila. Segunda-feira, 15h Atravesso o pátio do colégio Pompidou, um dos mais desfavorecidos da Île-de-France. Os alunos me chamam. Eu trabalhava em uma escola próxima na época e eles sabem que às vezes jogo basquete com os alunos. Mas, naquele dia, não tenho tempo. Sugiro: "Você tem seis anos. Você não pode jogar sozinho, três contra três? "Não", um deles responde. Depois de cinco minutos, ficamos confusos. Com eles, senhor, não dá para brincar sério. »

O contraste é violento entre essas duas cenas. Estudantes em bairros sensíveis acham mais difícil regular seu comportamento, seus relacionamentos

interpessoal e manter o foco por um longo tempo. Esses bairros costumam ser atormentados por uma certa violência, da qual é difícil proteger as escolas. No entanto, os pais são tão sensíveis ao ambiente dos estabelecimentos quanto ao seu desempenho. Eles temem extorsão, gangues, violência, drogas.

Esses medos são bastante infundados. Estatísticas publicadas pelo Ministério da Educação indicam que há um pouco mais de violência física e verbal em colégios difíceis do que em outros, seja extorsão, jogos perigosos, insultos; seja entre alunos ou com adultos. Os jovens também se sentem um pouco menos seguros lá. Eles, portanto, não confirmam a impressão de dois mundos muito distantes. São no máximo 5% de estabelecimentos ingerenciáveis, sobrecarregados por problemas vindos de fora; estabelecimentos onde às vezes entram armas de fogo, onde explodem bombas incendiárias caseiras, onde os problemas são resolvidos pela violência física, onde o absentismo é muito elevado. Ao contrário,

Tirando estes casos extremos, as condições de vida nos estabelecimentos são bastante semelhantes, seja qual for o seu nível. As melhores famílias têm alunos hiperativos e outros que não podem ir para a aula sem primeiro beber meio litro de vodca ou fumar um baseado bem embalado. Extorsão existe em bons colégios parisienses e certas aulas em bons estabelecimentos podem se tornar infernais. Em todos os lugares, pode acontecer que alguns alunos sejam perseguidos por outros. A provocação pode se transformar em um ritual cuidadosamente orquestrado. No entanto, os estabelecimentos privados têm algumas vantagens: têm mais pessoal de supervisão, mais supervisão dos alunos depois das aulas e separam mais facilmente os alunos problemáticos.

As diferenças culturais também são inegáveis. Por acaso mostrei aos alunos, no âmbito da educação cívica, um pequeno vídeo [12] produzido pela associação Osez le féminisme! Para mostrar como é forte a pressão dos rapazes que saúdam as raparigas na rua, invertem-se os papéis: raparigas ociosas, sentadas na esplanada de um café, multiplicam os comentários obscenos aos rapazes que passam no passeio e assobiam-nos. Normalmente, esse vídeo funciona muito bem: as alunas discutem, contestam, às vezes questionam o próprio comportamento e a compreensão da pressão sofrida pelas meninas avança. No Lycée Quesnay, o fracasso é total: os alunos não reagem. Eles não se preocupam com práticas que, na verdade, são estranhas ao seu ambiente.

Os pais desempenham um papel muito diferente em diferentes estabelecimentos. Em Quesnay, eles pressionam muito os filhos para que trabalhem e respeitem as regras da escola. Eles participam muito das reuniões, se informam, conhecem os professores, votam nas eleições. Um simples bilhete para os pais no livro de correspondência é um impedimento na maioria dos casos.

Já os alunos muito bons puxam os outros para cima. Muitos se sentem responsáveis, organizam espontaneamente sessões de revisão durante as quais ajudam seus companheiros, emprestam as anotações feitas nas aulas para aqueles que estão lutando para acompanhar. Eles muitas vezes internalizaram a ideia de que qualquer coisa que fortaleça a instituição os fortalece, mas sua atitude é amplamente desinteressada. Da mesma forma, os primeiros voltam com muita boa vontade à escola para apresentar a sua escola aos alunos, aconselhá-los na constituição dos dossiers ou na preparação dos concursos. O papel deles é essencial.

Se as diferenças entre os estabelecimentos são inegáveis, sem dúvida são menores do que a impressão que os pais têm. No entanto, o estresse familiar os amplifica. O estabelecimento equipara-se ao distrito onde se situa, independentemente da situação concreta, prevalecendo sobre os restantes os efeitos da reputação. A tentativa de acabar com esta fatalidade visando os estabelecimentos que deveriam receber mais recursos acaba por revelar-se contraproducente: a classificação de um estabelecimento como ZEP [13], bem percebida pelos professores que vêem nele a promessa de meios adicionais, actua como um estigma e afasta os alunos das classes médias. Os agentes imobiliários baniram o termo ZEP do seu vocabulário e vi um autarca intervir no conselho de administração, que quase não frequentava noutros locais, para dissuadir os professores de se candidatarem a este estatuto.

peso dos pais

A capacidade de mobilização dos pais também pode fazer a diferença. Quando um professor ausente não é substituído, uma delegação de pais à reitoria obtém melhores resultados do que um diretor que às vezes se reduz a colocar um pequeno anúncio no supermercado. Mas os pais dos alunos não são os mesmos de um estabelecimento para outro. Quando trabalhei numa ZEP, o estabelecimento recebia cerca de 550 alunos. Em alguns anos, menos de vinte pais participaram das eleições... Uma em cada duas turmas não tinha delegados de pais, por falta de voluntários. Pelo contrário, na escola de ensino médio de Quesnay, os delegados de pais fazem um balanço com o diretor antes de cada conselho de classe, solicitam agendamentos para discutir orientação, correm para as reuniões em massa.

Todos os pais não têm o mesmo peso. Apesar da dedicação de alguns militantes, a pressão dos pais será quase nula em uma escola de bairro popular. A administração pode ignorá-lo. Por outro lado, quando o presidente da associação de ex-alunos é o ex-prefeito da cidade e a agenda de endereços das associações de pais é bem abastecida, é mais fácil ser ouvida, como mostra o relato a seguir.

Ao mesmo tempo, a série ES do ensino médio, que se chamava B até 1995, tinha má reputação. Não combinava bem com a grande divisão entre ciências e letras, tanto que os estabelecimentos de prestígio se recusaram a criar classes de B. O poder dessas grandes escolas secundárias é tal que a inspeção geral não poderia forçá-las a isso. Mesmo o diretor dos liceus, no topo da administração, que reuniu os diretores dos liceus parisienses, instando-os a abrir essas seções, obteve apenas um sucesso modesto. Porém, com uma reforma que mudou o nome de B para ES e melhorou o conteúdo e a imagem da série, os grandes colégios de repente se interessaram por ela. Em Versalhes, o diretor do melhor colégio da cidade pediu a abertura de uma turma de ES. Mas, estando já largamente dotadas as outras escolas secundárias da cidade, o reitorado opôs-se. Imediatamente, uma petição foi lançada. Assinado pelo vice-prefeito da cidade, vários parlamentares, empresários e outras personalidades, logo contava com vários milhares de assinaturas. A reitoria cedeu. O colégio havia vencido.

Assim, não surpreende que a destinação de recursos beneficie estabelecimentos localizados em bairros nobres, apesar da declarada vontade política de "dar mais a quem tem menos". Os professores universitários Pierre-Brossolette, em Villeneuve-Saint-Georges, ficaram indignados em março de 2014:

Na cidade mais pobre de Val-de-Marne, eis a oferta educativa oferecida: uma única escolha de língua viva (LV) 1 (inglês), apenas uma de LV2 (espanhol) e oferecer uma hora de iniciação do grego antigo na quinta série, uma hora de latim é roubada da terceira série. Dizem-nos que é a crise, que não há mais meios. Para mostrar o contrário, é preciso contrastar nossos meios e os de outra fundação do instituto e do departamento, o Collège du Parc, em Santo Maur. Para cento e quarenta alunos adicionais, aqui está a proposta instrutiva: dois LV1, quatro LV2, latim e grego antigo, uma aula de música com horários adaptáveis, uma aula de dança com horários adaptáveis, um segmento europeu inglês, um segmento europeu italiano14.

Por fim, deve-se admitir que os responsáveis pelos alunos têm todo o direito de tentar selecionar seus filhos em escolas com bons resultados e localizadas em áreas tranquilas que, obviamente, estão localizadas em regiões onde a hospedagem é cara.

Capítulo 1 Notas

1. Sound Thierry LY, Eric M.AURIN e Arnaud R.IEGERT, "A diversidade social e educacional na Île-de-France: o papel dos estabelecimentos", Relatório ao Conselho Regional da Île-de-France, 2014, p. 1.

2. Blandine LEVSAIN, "Onde você precisa morar para ter sucesso na escola?" », Le Figaro, 1 de julho de 2014.

3. MINISTÉRIO DA EDUCAÇÃO NACIONAL, "A evolução das competências gerais dos alunos no final do ensino médio de 2003 a 2009", Nota, n ^{oh} 10.22, dezembro de 2010.

4. Programa internacional de monitorização do desempenho dos alunos, inquérito realizado a alunos de quinze anos pela OCDE (Organização para a Cooperação e Desenvolvimento Económico) em cerca de trinta países, para comparar o seu nível em matemática, ciências e expressão; MINISTÉRIO DA EDUCAÇÃO NACIONAL, "Alunos de 15 anos na França de acordo com o PISA 2012 em cultura matemática: queda no desempenho e aumento nas desigualdades em relação a 2003", Nota informativa, n ^{oh} 13.31, dezembro de 2013.

5. "O ensino da leitura na Europa: contextos, políticas e práticas", relatório Eurydice, maio de 2011.

6. "Formação no ensino superior: futuro após o bacharelato dos alunos que ingressam no sexto ciclo em 1995", Nota de informação, n.^{oh} 12.05, Ministério da Educação Nacional, Direção de avaliação de previsão e desempenho, junho de 2012.

7. Fabrice M.URAT, "Atraso escolar de acordo com o histórico dos pais: a influência das habilidades dos pais", Economie et Statistique, n^{oh} 424-425, INSEE, 2009.

8. Ao qual a administração, sobrecarregada pela sofisticação de suas próprias regras, conta para responder às questões mais complexas.

9. Mary DURU-BELLAT, "Segregação social na escola: factos e efeitos", Diversité, n^{oh} 139, CNDP, Dezembro 2004, p. 73-80,

10. Em 2001, a Sciences Po Paris decidiu criar uma via paralela de entrada no primeiro ano para alunos que estudam em cem escolas secundárias em ZEPs parceiros, que evitam o concurso. 8% dos alunos da Sciences Po acessam dessa forma.

11. Embora seja possível cruzar as pontes que levam do bacharelado profissional ao sucesso no ensino superior de longa duração, continua mais simples e seguro para um aluno que tem a capacidade de continuar na educação geral.

12. Série "Life of girl", produzida por Osez le féminisme!

13. Em 2014, as ZEPs passaram a ser REPs (rede prioritária de ensino). Muitos rótulos designam estabelecimentos chamados a receber um pouco mais de recursos do que os outros para compensar as desvantagens ligadas ao seu recrutamento.

2

A lei de ferro do endereço

"Os processos de segregação estabelecem distâncias morais que fazem da cidade um mosaico de pequenos mundos que se tocam sem se interpenetrar [1]."

VS como entramos na escola secundária de Quesnay? Por morar no bairro. Como quase todas as escolas secundárias, François Quesnay recruta seus alunos com base no mapa escolar. Mas morar no bairro não está ao alcance de todos. Meu amigo Max experimentou isso. Como seu filho estava se aproximando da idade da faculdade, sua esposa o informou que a faculdade perto de sua casa deveria ser evitada. Ela sabia de uma fonte confiável (de seus vizinhos, neste caso) que os alunos estavam sendo extorquidos e que os jovens circulavam pelo estabelecimento em motocicletas. Nada dramático, mas o suficiente para preocupar a mãe de uma criança de dez anos. Existe de fato um colégio católico particular, mas bem distante; e ele dificilmente seduz essa família judia. Executivo sênior de origem modesta, tendo ele próprio crescido nos subúrbios e tendo sobrevivido, Max deixaria seu filho ir para a faculdade pública local. Mas ele não consegue superar a relutância de sua esposa. Resta a possibilidade de se mudar para educar a criança no colégio Quesnay, contíguo ao colégio. Depois de muita hesitação, essa solução foi adotada. O sacrifício é importante: o aluguel alto de um apartamento menos espaçoso compromete qualquer possibilidade de economizar para se tornar proprietário. Mas

a criança é admitida na faculdade de Quesnay.

Quando você não tem um salário de executivo sênior (ou não conhece nenhum ministro pessoalmente), a solução Quesnay é automaticamente eliminada. A escolha da escola torna-se então mais complicada. Marianne é fonoaudióloga. Eu a conheço desde o colegial. Ela teve dois filhos com Jérôme, que é gerente de teatro e um grande faz-tudo à frente do eterno. Ele a convenceu a comprar uma casa em mau estado localizada em Montreuil, entre a estação de metrô Croix de Chavaux e o parque Beaumonts. Marianne aceitou fixar-se ali apenas com a condição de encontrar uma solução para a escolarização dos filhos, cuja organização constitui a sua segunda carreira. Ela, portanto, começou estudando as escolas de Montreuil. Tendo concluído rapidamente que não eram adequados, ela fez um inventário das alternativas, encontrou uma solução aceitável e, finalmente, deu seu consentimento. Um jantar com eles me ensina muito sobre o assunto.

O pavilhão é clássico: reboco branco, ladrilhos mecânicos. A parede do jardim voltada para a rua é encimada por glicínias bem cuidadas e rosas trepadeiras. Jerônimo, dono descontraído, me recebe na escadaria de suéter irlandês e bermuda. Ele me mostra suas reformas, obviamente feliz por ter sua casa. Ele aprecia a diversidade do bairro. Como geralmente está livre pela manhã, ele cuida das compras e conhece todas as lojas da região. "Você vai comer legumes de Montreuil, temperados com temperos de Montreuil", brinca. E explica: "Montreuil é ótimo para isso. Pimenta dos Camarões, caril de Madras, coisas libanesas... Tem de tudo aqui.»

Marianne parece compartilhar sua satisfação, que ela, no entanto, modera :

— Ainda estou aborrecido porque Romain faz meia hora de transporte todos os dias. Ele está no colégio Hélène Boucher, no século XX.

— É um bom estabelecimento, não é? Você vai fazer o mesmo por Sarah?

Eles se olham, um pouco constrangidos.

— Digamos que a questão não está resolvida, diz Jérôme rindo. Hélène Boucher é muito bom, mas não vai mais funcionar. Já, para Romain, passamos por momentos difíceis. Inicialmente, queria apenas apresentar um atestado de hospedagem, já que temos um amigo na região. Mas parece que todo mundo faz isso e a escola não quer mais saber disso. Assim, pesquisando na Net, encontrei a possibilidade de comprar uma caixa de correio, com reencaminhamento de correio. Normalmente, é feito para profissionais, mas, como Marianne é uma profissional liberal, funcionou. Custa-nos trinta euros por mês e não houve problema. Uma vez instalado, no ano seguinte, o colégio não pediu mais nada.

— O problema é que a Academia de Paris se tornou muito rígida, explica Marianne. Há estabelecimentos que pedem três comprovativos de residência em nome dos pais e Hélène Boucher pede a taxa de habitação. E lá, todo mundo está preso.

Haverá muitos estúdios revendidos no setor, brinca Jérôme. Todas as pessoas que compraram apenas para ter um endereço perto de Hélène Boucher, sem falar no 5º arrondissement. Os anúncios do Studio próximo ao Lycée Louis Le Grand" acabaram. Além disso, se tentarmos algo que não funcione, a situação se torna insustentável para Romain, que corre o risco de ser demitido.

Eu confirmo.

— Exato. Na minha escola de ensino médio, o diretor convocou alguns pais que estavam causando problemas e disse-lhes abertamente que eles tinham uma semana para retirar o filho do estabelecimento ou ele estava entrando com uma queixa por falsificação de documentos administrativos.

— Portanto, não há como correr esse tipo de risco, acrescenta Marianne, que parece muito feliz com minha intervenção. A maneira mais fácil é colocar Sarah em uma faculdade próxima, o que é bom, mas Jerome não quer.

Quando ela se aquece, encontro a adolescente meio desajeitada que conheci. Ela enxuga os óculos e joga uma mecha grossa de cabelo castanho para trás.

— Ela quer colocá-la com os católicos, explica Jérôme, com um sorriso maroto.

" Cathos, talvez, mas você pode tirar duas línguas vivas da sexta série, há passeios de teatro, viagens a Roma para alunos da terceira série, o nível é bom e vários amigos de Sarah estão indo para lá. Além disso, a missa não é obrigatória, o coro também não.

— As faculdades de Montreuil não são realmente impossíveis? Marianne revira os olhos.

— É o caos. Dependemos do colégio Lenain de Tillemont. Ele não era famoso e, desde a flexibilização do mapa escolar, todo mundo está fugindo. Seiscentos lugares, trezentos alunos.

Jerônimo intervém.

— É uma história boba. A faculdade tem premissas bastante boas e resultados muito corretos. Mas, como fica do outro lado do parque Beaumonts, entre duas cidades, tem má fama. Além disso, é classificado como "ambição de sucesso" e os pais preferem que o sucesso seja uma realidade e não uma ambição. Depois de ter o sinal de "faculdade problemática", os alunos que poderiam subir de nível vão embora, as aulas fecham, os professores vão embora. Queremos jogar o jogo da escola do bairro, mas não sozinhos.

Durante o jantar, coloquei o assunto de volta no tapete.

— Se bem entendi, quando você veio se instalar aqui, o problema era a escola?

— O problema é sempre o mesmo, explica Marianne. As boas escolas da região são Vincennes ou Saint-Mandé e as acomodações são superfaturadas.

Aqui temos uma certa qualidade de vida. Então, para ter os dois, tem que morar aqui e mandar os filhos estudarem em outro lugar, conclui, dando de ombros.

— Ela tem razão, insiste Jérôme. O mapa escolar delimita os territórios com mais segurança do que o Tratado de Viena. Compare Montreuil e Vincennes. As duas cidades são vizinhas, mas Vincennes é muito mais burguesa e tenho certeza que isso se deve em parte às escolas. E não estou falando com você sobre Paris. Antes de nos mudarmos, quando morávamos no 11º, a Marianne tinha ido buscar o cartão escolar. A mesma rua pode corresponder a três setores diferentes, por exemplo. É incrivelmente complexo. Quando compramos aqui, dava para contornar o cartão escolar, mas ficou quase impossível.

— Todo mundo faz grandes discursos sobre diversidade social em Montreuil, comenta Marianne. Mas existe na rua ou no dia do festival de música, não nas escolas. É verdade que há um lado bom aqui. Quando você vai às compras ou vai ao parque é muito bom, todo mundo é irmão. Mas quando você vai ver as escolas, percebe que elas não refletem a população. E não quero colocar crianças em turmas em que três quartos das crianças tenham dificuldade. Assim, resta apenas o privado.

— Eu entendo. E para o ensino médio, então, o que você está planejando?

— Vamos respirar! exclama Marianne.

Como vimos, o nível das escolas é muito variável. O

que Marianne e Jérôme dizem é que o dinheiro está na origem dessa variação. É verdade que a geografia dos resultados do estabelecimento reproduz a da renda. Nos bairros nobres, apesar da infinita capacidade de priorização dos pais, os estabelecimentos são bons. Nos conjuntos habitacionais carentes, todos os estabelecimentos estão com dificuldades, independentemente dos esforços da Secretaria Nacional de Educação ou das equipes no local. Restam os distritos fronteiriços, como Montreuil, no meio.

Para destacar a influência do dinheiro, procuro uma cidade cuja situação seja relativamente fácil de decifrar e escolho Digne-les-Bains, prefeitura dos Alpes de Haute-Provence. É uma cidade de 17.000 habitantes, que se estende ao longo do rio Durance. Além de uma pequena escola particular de ensino médio, que possui apenas trinta alunos de bacharelado, a Digne possui duas escolas públicas de ensino médio, localizadas nas duas extremidades. A recém-reformada escola secundária Alexandra David-Néel é considerada "muito mediana" pela revista L'Étudiant. É até a escola secundária mais mal avaliada em Provence-Alpes-Côte d'Azur. Pelo contrário, o colégio Pierre-Gilles de Gennes está classificado entre os "muito bons colégios". É a melhor escola secundária pública da academia, à frente das de Marselha ou Aix-en-Provence.

Para determinar se esses resultados contrastantes estão ligados à renda familiar, é necessário analisar a distribuição desta em Digne. A cidade realmente não tem uma burguesia. Os rendimentos são muito homogêneos. No entanto, os mecanismos segregativos estão funcionando lá. Informações fornecidas pelo INSEE2 sobre rendimentos normais por bairro pintam a tabela a seguir: em direção ao sul, as três áreas que abrangem a escola secundária Pierre-Gilles de Gennes são as mais extravagantes da cidade, com um pagamento típico para cada grupo de algum lugar da faixa de 33.000 e 39.000 euros por ano. Mais ao norte, as áreas que dão acesso à escola secundária David-Néel têm um salário típico entre 26.000 e 30.000 euros. De fato, mesmo aqui, a lei do endereço acaba como esperado.

É claramente cem vezes maior nas enormes comunidades urbanas e, mais importante, na Île-de-France. Uma relação semelhante é rastreada na educação avançada. As faculdades situadas nas oprimidas áreas rurais de Paris têm as taxas de bolsas mais notáveis e as menores taxas de aproveitamento na área central da França.

Boas escolas encarecem os bairros

Se bairros caros dão boas escolas, o contrário também é verdadeiro: preocupadas com o sucesso escolar de seus filhos, as famílias estão dispostas a pagar mais por acomodações próximas a boas escolas. Para se convencer disso, basta ler os detalhes que acompanham os anúncios imobiliários no site De particular a particular (www.pap.fr). Além de mencionar o valor dos impostos locais, o site inclui dados e avaliações sobre escolas de ensino médio, fornecidas pelo Ministério da Educação Nacional. Por exemplo, para alojamentos localizados no centro de Lille, fornece a taxa de sucesso, o perfil e o "valor acrescentado" das cinco escolas secundárias próximas, públicas ou privadas.

A moradia é, portanto, mais cara perto de boas escolas. O Indivíduo investigado. Um estúdio próximo ao colégio Hélène Boucher, por exemplo, tem um valor agregado de 20% em relação à média do 20º arrondissement. Os pesquisadores mediram cientificamente esse efeito. O método deles consistia em comparar os preços de moradias do mesmo tamanho e localizadas na mesma rua, mas que não davam acesso à mesma faculdade. Ao analisar os dados fornecidos pela Câmara dos Notários de Paris sobre 200 mil transações imobiliárias, Gabrielle Fack e Julien Grenet, da Escola de Economia de Paris, destacam uma relação precisa: em Paris, uma média superior a 1,6 pontos à da vizinha faculdade resulta em uma diferença de preço por metro quadrado de

1,4% [3]. Um estudo americano realizado em Massachusetts mostrou o mesmo tipo de relacionamento, com pais dispostos a pagar 2,5% a mais por moradia para acessar uma escola primária com resultados 5% maiores nos exames nacionais. [4].

O impacto da qualidade das escolas nos preços dos imóveis é observado principalmente nas grandes cidades. Está ligada à existência de um mapa escolar. A presença de estabelecimentos privados, que fogem a esta regra, tende a atenuar este fenómeno, sem o eliminar. Do exposto, podemos deduzir que a desigualdade entre os estabelecimentos é tanto maior quando os bairros são socialmente homogêneos. É, portanto, nas grandes metrópoles, onde há grande riqueza e bolsões de grande pobreza, notadamente em Paris e Marselha, que ela é mais marcante. A tendência é de acentuação da segregação espacial, divisão do espaço conseguida principalmente pelas diferenças de preços dos imóveis. Um agente imobiliário explicou-me que tinha chamado a sua agência de L'Adresse, porque "o preço do alojamento depende de três coisas: a morada, a morada, a morada". De fato, vender um armário de vassouras no 7º arrondissement de Paris permite comprar uma charmosa residência em Corrèze ou no Somme. Como chegamos lá ?

Voltando ao século XIX, encontramos em todas as cidades de certa dimensão vestígios de bairros socialmente contrastantes. Mas a cesura nem sempre é estrita. No edifício de Pot-Bouille, romance de Zola, os andares refletem a hierarquia social: os apartamentos burgueses ocupam os primeiros níveis (o uso do elevador ainda não é generalizado), enquanto os quartos das empregadas estão aninhados sob os telhados; famílias modestas estão alojadas entre os dois. É necessário, de fato, que os servidores e todos aqueles que trabalham a serviço das classes privilegiadas estejam ao alcance de seus empregadores. A separação dos grupos sociais aumentará posteriormente com o desenvolvimento dos transportes. No entanto, esta tendência foi interrompida durante os gloriosos anos trinta,

Diante de uma crise imobiliária, a França nas décadas de 1950 e 1960 construiu blocos, cubos, torres e grades. Os "grandes complexos" estão equipados com parques de estacionamento para acomodar os carros que cada um vai equipando, cozinhas que virão a mobilar a mesa de fórmica, a máquina de lavar e o fogão que simbolizam este período, o da gentrificação da classe trabalhadora, isso, também, quando o (jovem) farmacêutico, o lojista ou o professor do bairro moram nos mesmos prédios que os operários e empregados. Esta coabitação resulta da escassez de habitação, mas também da ideologia que presidiu à construção dos grandes conjuntos habitacionais, a de uma atenuação das diferenças sociais no seio de uma sociedade "mediana". As organizações gestoras de HLMs (habitações populares) garantem a diversidade de ocupantes, promovendo a instalação da classe média em grandes conjuntos habitacionais e da classe trabalhadora em áreas suburbanas.

Seja como for, o Estado exige a admissão à propriedade, por exemplo, pela lei Barre-Barrot de 1975. A passagem por grandes domínios de hospedagem é posteriormente, para as classes trabalhadoras, uma etapa restrita, um "trampolim privado". A rotatividade destas populações nas estruturas está a acelerar... até ao segundo em que deixaram de passar pela caixa das pensões e foram suplantadas por populações cada vez mais infelizes, que aí vieram a ficar naturalmente. Um número cada vez maior de ocupantes lutava para pagar o aluguel, principalmente com o aumento do desemprego. As associações restritivas foram arruinadas. Ainda assim, os bares trabalhados às pressas para se adequar à carência de hospedagem são de razoável qualidade. A manutenção deles é cara. No momento em que os aluguéis a partir de agora não chegam, a hospedagem enfraquece e os ocupantes que aguentam sair. Quanto aos enormes edifícios construídos próximos às usinas de beneficiamento, eles estão em processo de desindustrialização. Seus ocupantes ficam presos em bairros sem futuro. Nessa linha, gradativamente, vão se enquadrando os guetos.

Guetos na França?

A forma exacerbada de separatismo social é o gueto. Esse termo, muito usado nos Estados Unidos, é aplicável à França? Ganhou visibilidade desde que o primeiro-ministro Manuel Valls denunciou, em pronunciado discurso [5], "os guetos; um apartheid territorial, social e étnico". Alguns sociólogos, como Loïc Wacquant ou Sophie Body-Gendrot, acreditam que a história muito particular dos Estados Unidos, em particular o peso do racismo, impede que a comparação seja levada longe demais. Outros, como o economista Éric Maurin [6], usam a palavra. Didier Lapeyronnie, que estudou durante cinco anos um bairro pobre de uma cidade do interior, acredita que já se pode falar em guetos, devido ao fortalecimento, nos anos 2000, da segregação urbana e da discriminação racial. , bem como a crescente desigualdade dos bairros diante do desemprego.

Ele descreve como as imensas dificuldades deram origem a formas de auto-organização no bairro. O tráfico de drogas é a principal atividade econômica. Sua estrutura básica é a família, sendo as mercadorias importadas da cidade grande. A venda é organizada por escadas. O desmantelamento de uma gangue é imediatamente seguido pelo aparecimento de outra. No bairro estudado por Didier Lapeyronnie, as autoridades negociam com os traficantes a distribuição de certos auxílios sociais, apoio durante as eleições, até a manutenção da ordem. A socióloga observa que a imagem negativa do bairro obceca seus habitantes [7].

No entanto, a forma do gueto permanece excepcional. Os dados relativos às áreas urbanas sensíveis (ZUS), os bairros desfavorecidos visados pela política da cidade, mostram isso claramente. As ZUS abrigam aproximadamente 4,5 milhões de habitantes e 13% dos estudantes. Com três vezes mais pobres, três vezes mais imigrantes e duas vezes mais desempregados do que em qualquer outro lugar, esses bairros podem ser comparados a guetos urbanos. No entanto, mais da metade dos estudantes universitários e 80% dos alunos do ensino médio que vivem nesses bairros estudam fora da ZUS. Por outro lado, mais da metade dos alunos do ensino médio e mais de 80% dos alunos do ensino médio localizados em ZUS vêm de fora.

Essa mistura limita a guetização. No entanto, para as famílias que vivem nas proximidades dessas áreas, representa uma ameaça. Os resultados do certificado do ensino médio são claros a esse respeito: quanto mais alunos uma escola tiver morando em ZUS, mais baixos serão seus resultados. [8]. Nas famílias do distrito mais apegadas ao sucesso dos seus filhos e nos distritos vizinhos domina o desejo de evitar a todo o custo as escolas associadas a estes distritos. Um estudo sobre Montpellier [9] conclui que, por derrogação ou recurso ao setor privado, 75% dos alunos de classe média e média alta evitam a faculdade do setor em bairros "mistos". Essas estratégias fazem sentido: morar em uma área urbana sensível dobra o risco de um filho executivo ficar para trás na escola, de acordo com o observatório ZUS [10]

.Os distritos não estão, portanto, separados de forma estanque, mas a escola contribui fortemente para que assim sejam. Esses dados apenas confirmam o que é óbvio para os professores da área. Como exemplo, vamos consultar a lista de estágios encontrada pelos alunos do nono ano. Em um colégio popular, dominam as empresas locais, muitas vezes contatadas com a ajuda de professores. No François Quesnay College, que aceita alguns estágios na Flórida ou em Quebec, predominam empresas de prestígio, principalmente nos setores audiovisual, de comunicação ou financeiro, que interessam aos alunos e empregam seus pais.

A contrapartida da guetização é a gentrificação, ou seja, a transformação dos bairros populares localizados no centro da cidade pela chegada de classes médias educadas, em particular profissões culturais, que podem assim combinar entre si proximidade do centro e preços imobiliários acessíveis , sem descurar as potenciais mais-valias imobiliárias. Esse movimento geralmente afeta bairros não muito distantes de bairros bonitos. Reforça a homogeneidade social das grandes cidades e em primeiro lugar de Paris, afastando cada vez mais as classes trabalhadoras do centro [11].

É claro que os "gentrificadores", que afirmam sua recusa em morar em bairros burgueses, de qualquer forma inacessíveis para eles, não veem inconveniente em seus filhos frequentarem escolas burguesas em bairros nobres. O cientista político Jacques Donzelot explica:

As feridas parisienses estão tão ligadas ao bairro quanto às principais cidades do mundo. A proximidade a locais de transporte, estações nacionais ou internacionais e aeroportos importantes é, portanto, um fator determinante. A segunda motivação é a proximidade de boas escolas de ensino médio. Muitos pais estão dispostos a mudar em detrimento de um certo conforto de vida, para estar mais perto das melhores escolas de ensino médio para seus filhos. [12].

Em Paris, onde até a década de 1980 os empregados e trabalhadores se tornaram uma minoria, a gentrificação avança gradualmente do sudoeste para o nordeste. Com exceção de alguns quarteirões ao redor das estações e alguns setores dos 18º, 19º e 20º arrondissements, o processo está quase completo. Tanto é assim que a proporção de alunos da sexta série de origens muito privilegiadas aumentou de 41% para 47% durante os anos 2000.

Ao mesmo tempo, o fenômeno ultrapassou os limites da capital. Apesar da forte oposição entre Paris e seus "subúrbios" – termo pejorativo que ninguém sonharia em aplicar a Neuilly-sur-Seine ou Marnes-la-Coquette – a falta de espaço levou alguns, como meus amigos Marianne e Jérôme, atravessar o anel viário, uma barreira muito simbólica, até Montreuil ou Bagnolet, que alguns chamam de "DOP-TOP" (departamentos e territórios além do anel viário). Ouvida da boca de um professor, essa sigla é uma boa ilustração do desprezo social a que a necessidade de sangrar pelas quatro veias na pequena burguesia intelectual pode levar a fazer coincidir seu endereço com o meio social a que aspira.

Em toda a Île-de-France, a proporção de executivos entre os compradores de apartamentos aumentou de 30% em 2009 para 38% em 2013, segundo a Câmara dos Notários, o que significa que o fenômeno está acelerado. Na Île-de-France, um território incrivelmente contrastante em termos de renda, também nos impressiona o fato de que o padrão de vida médio – o rendimento bruto disponível por unidade de consumo – ultrapassou os 25.000 euros em 2010. [13] por ano em Paris ou Hauts-de-Seine, mas foi inferior a 15.000 euros em Seine-Saint-Denis. Em uma inspeção mais próxima, as diferenças são muito mais pronunciadas. Assim, em Boulogne-Billancourt, o rendimento médio familiar em 2010 era de 26.198 euros no bairro mais pobre e de 119.967 euros no mais rico! Em Paris, o rendimento médio varia de 19.837 euros a... 181.873 euros dependendo do distrito! Estas diferenças acompanham a evolução diferenciada dos preços da habitação. Entre 2009 e 2014, aumentou 25% em Montreuil e 29% em Bagnolet, mas caiu 6% em Noisy-le-Sec (na fronteira com Montreuil) e 27% em Aulnay-sous-Bois, a poucos quilômetros de distância.

A mesma desigualdade pode ser observada nas outras grandes cidades: no bairro mais pobre de Grenoble, a renda média é de 16.175 euros por domicílio, contra 86.297 euros em algumas partes de Meylan, seu subúrbio chique. Marselha tem alguns dos bairros mais ricos da França... e alguns dos mais pobres.

O resultado dessa estratégia dos mais ricos e da corrida que lançam é desenhar bairros homogêneos nas grandes cidades. Em um bairro uniformemente rico como o do Lycée Quesnay, os estudantes não fazem ideia do padrão de vida na França. Eles ficam muito surpresos ao saber que o salário médio não ultrapassa 2.000 euros líquidos por mês. Nas escolas secundárias onde trabalhei, os alunos ficaram impressionados quando apresentei dados sobre rendimentos muito elevados. Eles fizeram perguntas ingênuas (mas relevantes), como: "Como você pode gastar tanto dinheiro? No Lycée François Quesnay, as reações são muito diferentes. Ao saber que os executivos financeiros mais bem pagos receberam em média mais de 4 milhões de euros em 2012, um estudante se preocupa: "Mas por que eles ficam na França? Eles devem ser mortos pelo coletor de impostos! Outro imediatamente o desiludiu: "Meu pai está em Londres e tiramos tudo dele também, sabe. "Será necessário criar uma unidade de apoio psicológico no colégio Quesnay no momento do terceiro provisório?

Com o objetivo de promover a interação social, os anúncios imobiliários passaram a incluir os dados sociodemográficos relativos ao bairro. Na seção

"Vizinhos", o site De indivíduo para indivíduo acompanha, assim, um anúncio imobiliário com dados socioeconômicos: renda média, taxa de desemprego, idade média, perfil do bairro ("jovens executivos dinâmicos", por exemplo).

O que acontece com as populações expulsas dos centros das cidades pelo aumento dos preços? Muitas vezes vão para longe em busca de tranquilidade e melhor qualidade de vida. Por outro lado, o dono de uma linda casa em Vinon-sur-Verdon leva o carro todos os dias para ir trabalhar em Marselha e o morador de Louviers se preocupa com o tráfego ferroviário até a estação Saint-Lazare. Além do transporte, o problema desses pioneiros é a escola. Dimensionadas para populações rurais em declínio, as escolas não atendem aos anseios dos moradores do campo, seja em proximidade ou qualidade.

Observe, finalmente, que o alto custo da moradia prevê uma boa população escolar, mas não a garante. Existe um certo jogo, principalmente nas grandes cidades. Mesmo com uma proporção de 47% de famílias abastadas, a qualidade das escolas nem sempre está presente, como bem sabem os pais dos alunos mais vigilantes; e nuances sociológicas sutis transformam-se facilmente em uma grande lacuna em termos de valor acadêmico das escolas. Vimos isso com os bairros "de fronteira", também é verdade nos bairros nobres. Assim, na boa cidade de Neuilly-sur-Seine, uma das escolas secundárias, embora localizada em um bairro de prestígio, é de nível muito médio, devido à competição implacável de uma boa escola pública e três boas escolas particulares. . Nas grandes cidades, o mapa escolar é, portanto, uma variável estratégica.

O mapa e o território

O mapa escolar atribui os alunos a escolas, faculdades e escolas secundárias de acordo com seu local de residência. Na universidade, a atribuição depende do endereço do estabelecimento atendido no terminale. Quando foi lançado, em 1963, o mapa escolar tinha como principal objetivo prever quantos alunos chegariam a uma faculdade ou colégio, a fim de gerenciar melhor a criação e o encerramento das turmas. A escolaridade foi tornada obrigatória até aos dezasseis anos em 1959. Devido à explosão numérica, tornou-se bastante acrobático encontrar um lugar para cada aluno num estabelecimento perto da sua casa. O mapa deve possibilitar a antecipação dos fluxos.

Com ela, as famílias não podem mais escolher a escola para seus filhos. A todos os estabelecimentos que beneficiam dos mesmos programas, dos mesmos horários e do mesmo corpo docente, é garantida a igualdade de tratamento dos utentes, princípio fundamental do serviço público. Em princípio, não há razão para preferir uma escola a outra. Ainda que não fosse uma preocupação central na época, o mapa escolar evita que certos estabelecimentos estigmatizados vejam as famílias fugirem e promove a diversidade social.

Hoje, essa mistura social é um objetivo explicitamente atribuído ao mapa escolar pelo poder público, às vezes até apresentado como um imperativo moral. Descrevendo em relatório a situação de cinco famílias de Romainville que haviam matriculado de forma fraudulenta seus filhos, bons alunos, no colégio Condorcet, em Paris, a senadora socialista Françoise Cartron indignava-se em 2012: "O fato de ter privado o colégio de Romainville de seus melhores alunos [...] reproduz efeitos de pares prejudiciais ao sucesso escolar dos alunos que respeitaram a setorização [14] . Em outras palavras, seria dever dos pais de bons alunos deixar seus filhos com alunos menos bons para promover o progresso deste último.Na primeira leitura, perguntei se havia algum erro.Que uma concepção tão radical, quase sacrificial, possa ser afirmada em um país democrático é bastante surpreendente e duvida-se que os pais de bons alunos a compartilhem.

Dito isso, deve-se lembrar que essa mistura social permaneceu por muito tempo um puro encantamento. Na década de 1960, o colégio foi dividido em três fluxos hierárquicos. O primeiro foi o ensino médio. As crianças, sobretudo de origem privilegiada, aprendiam latim e as humanidades ali nesses "pequenos liceus", que mais tarde se transformariam em CES (ensino secundário). A Secção 2, mais especificamente destinada aos alunos sérios de origem popular e desenvolvida nos colégios de ensino geral (CEG), conduzia aos colégios de ensino técnico, enquanto as turmas de transição do terceiro ciclo preparavam para a aprendizagem e para a vida activa. Não nos misturamos e a ausência de diversidade em cada categoria de estabelecimento limitou a tentação de contornar o mapa escolar.

Em 1975, a reforma Haby aboliu os cursos, criando a famosa faculdade única. No início, era realmente único apenas no nome, porque muitos alunos eram orientados para caminhos tecnológicos ou profissionais, em particular no final do quinto ano. No final da década de 1970, apenas 40% dos alunos que ingressavam no sexto ano ingressavam na segunda geral. E as chances de ser "orientado", ou seja, excluído do caminho que conduz ao bacharelado geral, dependia tanto da origem social do aluno quanto de seus resultados. A faculdade única era, portanto, um lugar formidável de triagem e eliminação, que produzia classes bastante homogêneas.

As coisas mudaram gradualmente durante a década de 1980, com a redução de orientações fora do caminho geral na faculdade. Uma verdadeira mistura social tornou-se possível e é aí que os problemas começaram. Não necessariamente para as classes altas, que de qualquer maneira se mantinham isoladas nos bairros nobres. Mas a miscigenação ameaçava as classes médias, cujos filhos corriam o risco de se misturar com os da classe trabalhadora em estabelecimentos menos atrativos e classes menos seletivas.

É certo que a reforma foi acompanhada pela retomada da maioria dos programas e exigências do CES, herdeiro do pequeno liceu. O nível teórico da faculdade única é, portanto, bom. Mas esses programas impõem um ritmo acelerado, pedagogias bastante tradicionais. Seria um milagre se todas as crianças de repente fossem capazes de absorvê-los. À partida, era previsível que muitos estabelecimentos se encontrassem rapidamente em dificuldades.

Confirmada a previsão, os pais pertencentes às classes médias tentaram escapar a estas dificuldades e, por conseguinte, ao constrangimento que o mapa escolar lhes impunha.

Estratégias de evasão desenvolvidas nas décadas de 1980 e 1990. Tornou-se mesmo um "castanheiro" da imprensa especializada, que regularmente o inventaria, tanto mais interessante quanto os jornalistas fazem parte precisamente das categorias sociais "ameaçadas" pela coeducação escolar. Hoje, 10% das crianças são educadas em uma faculdade pública diferente da de seu bairro e 20% estão no setor privado. Quase uma em cada três crianças, portanto, escapa da faculdade pública em seu distrito. Estamos muito longe da igualdade. E essas médias são muito superadas em alguns lugares. Montreuil, por exemplo, tem apenas vinte e duas classes secundárias, enquanto esta cidade de

100.000 habitantes seriam o dobro se todos os seus jovens fossem educados lá [15]. Para onde foram os alunos desaparecidos? Os filhos de Marianne e Jérôme não estão sozinhos pela manhã, no metrô que leva a Paris! Em média, 12% dos alunos CM2 em Seine-Saint-Denis "desaparecem" ao entrar na sexta série.

Como contornar o mapa escolar? Os meios não faltam.

A primeira é a utilização do ensino privado. Alguns estabelecimentos estão sem contrato com a Educação Nacional e são caros (de 4.000 euros a... 30.000 euros por ano). Mas a grande maioria dos estabelecimentos privados tem contrato de associação com o Estado e fazem parte do serviço público de ensino. Os pais têm a garantia de que seguem os programas e horários nacionais e que é possível passar do privado ao público sem dificuldade. Uma vez que os salários dos professores são pagos pelo Estado, estes estabelecimentos são acessíveis às classes médias (de 1.000 euros a 2.000 euros por ano).

Mas fogem do mapa escolar, que também é bastante discutível e pode muito bem ser questionado pelo poder público. Afinal, se as clínicas privadas estão integradas nas organizações regionais de saúde, porque não fazer o mesmo no sistema educativo? Esses estabelecimentos privados às vezes jogam o jogo da mistura social e étnica. Sabemos de colégios católicos que acolhem uma maioria de estudantes muçulmanos ou nos quais as famílias dos executivos concordam em colocar seus filhos, apesar de um recrutamento majoritariamente popular.

No entanto, as escolas particulares geralmente desempenham o papel de recurso quando o desempenho ou a reputação da escola pública local deixa algo a desejar. Eles selecionam em arquivo, verificam a motivação do aluno e sua família; em suma, eles se dão os meios para obter bons resultados. E é eficaz: os estabelecimentos privados são hoje os melhores da França, voltaremos a isso. Essas performances estão obviamente ligadas ao público recebido. Os pais dispostos a recorrer ao sector privado e a pagar propinas estão necessariamente muito preocupados com o sucesso acadêmico dos seus filhos e dispostos a agir para o promover, o que é muito importante. A utilização do setor privado contribui muito para alargar as desníveis entre os estabelecimentos. Em um contexto volátil como o da região parisiense, onde os pais são muito vigilantes (ou histéricos, dependendo do ponto de vista) e onde a escolha da escola é extensa,

Foi o que aconteceu na cidade suburbana onde moro. A escola secundária pública de lá tinha a reputação de ser dura com alunos fracos, mas eficiente. A flexibilização da disciplina e da seleção, devido à aplicação zelosa das instruções oficiais por parte do novo diretor, despertou de imediato as famílias mais abastadas. Comecei a receber ligações de vizinhos ou amigos que estavam tentando evitar o ensino médio e queriam saber se eu tinha uma solução. Alguns foram para o colégio particular próximo, que ganhou qualidade em um efeito gangorra, outros para estabelecimentos mais distantes. Os professores de escolas secundárias públicas calcularam que, dos bons alunos do nono ano da cidade, metade evitou o ensino médio. Esta hemorragia de bons elementos acentuou a decadência: as vagas livres in terminale foram ocupadas por repetidores recusados alhures por causa da sua má ficha, por vezes vinda de longe e que a inspecção acadêmica impôs pelas vagas disponíveis. Uma vez iniciada a espiral negativa, é difícil revertê-la. Diz-se que os mercados financeiros são medrosos como ratos e têm a memória de um elefante. O mesmo se pode dizer dos pais dos alunos: apressados em abandonar o estabelecimento em declínio, só regressarão quando tiverem a certeza de não correr riscos pela sua prole. Diz-se que os mercados financeiros são medrosos como ratos e têm a memória de um elefante. O mesmo se pode dizer dos pais dos alunos: apressados em abandonar o estabelecimento em declínio, só regressarão quando tiverem a certeza de não correr riscos pela sua prole. Diz-se que os mercados financeiros são medrosos como ratos e têm a memória de um elefante. O mesmo se pode dizer dos pais dos alunos: apressados em abandonar o estabelecimento em declínio, só regressarão quando tiverem a certeza de não correr riscos pela sua prole.

outro meio frequentemente utilizado para burlar a carteira escolar, os endereços falsos são obviamente mais acessíveis a quem tem ligações no bairro do qual depende o cobiçado estabelecimento. De fato, é necessário apresentar um certificado de acomodação. Alugar uma caixa de correio é uma alternativa. Este serviço oferecido na Internet destina-se essencialmente aos empresários por conta própria e às profissões liberais. Custa de vinte a quarenta euros por mês, incluindo o envio de correio. Uma renúncia também pode ser solicitada com base no local de trabalho, possivelmente usando uma falsa promessa de emprego.

Alugar ou comprar um imóvel bem localizado é uma solução radical. Vê-se assim que a procura de superfícies muito reduzidas (menos de 10 m2) é muito elevada nas imediações de escolas secundárias de prestígio (Thiers em Marselha ou Condorcet em Paris, por exemplo). Também é possível "matar três coelhos com uma cajadada só": Le Particulier cita o caso de uma família de Toulouse que procurava um estúdio localizado perto da prestigiada escola secundária Pierre de Fermat, para abrigar seu filho mais velho ... dois outros filhos [16].

Mas esses desfiles não são mais suficientes. Com efeito, a Educação Nacional parece querer lutar mais eficazmente contra estas práticas e tem meios para o fazer. Cada vez mais os estabelecimentos estão exigindo das famílias diversos comprovantes de residência e a notificação do IPTU. Como entenderam Marianne e Jérôme, contornar esses pedidos é muito difícil. Nas grandes cidades, foi criado em 2008 um procedimento informatizado de atribuição de alunos com o doce nome de Affelnet. Privilegia o critério da proximidade geográfica, mas os bolseiros beneficiam de um bónus, que modifica o recrutamento junto de determinados estabelecimentos. Em Paris, por exemplo, os colégios Sophie Germain (7º arrondissement) e Turgot (3º arrondissement) tiveram 45% dos bolsistas em 2012.

Finalmente, devemos mencionar as intervenções políticas, que são frequentes em minha escola. Eles dizem respeito a alguns estabelecimentos, especialmente em escolas secundárias. Mas nem todo mundo tem as conexões de Mazarine Pingeot e esse fenômeno permanece limitado. O que não a torna mais aceitável em termos de justiça social...

Por não conseguir contornar o mapa escolar, o separatismo às vezes intervém dentro de uma escola medíocre: para manter bons alunos, a direção pode (ao contrário dos textos oficiais) formar turmas homogêneas ou, pelo menos, isolar uma turma boa. Há muito tempo isso é chamado de

"Aulas CAMIF", do nome desta ex- cooperativa ligada à Caixa Mútua de Seguros de Professores, porque reuniam os filhos dos professores do bairro. Alguns não hesitam em conhecer o diretor do colégio e colocar o mercado em suas mãos: ou forma uma boa turma, confiada aos melhores professores, ou retiram o filho do estabelecimento.

Um estudo mostrou que o agrupamento de alunos aprendendo alemão como primeira língua foi mais frequente em faculdades desfavorecidas [17].

Chance ! A escolha do latim ou do grego também pode desempenhar esse papel. Mas o marcador mais claro é a classe europeia. Não é incomum observar diferenças médias de classe de três pontos entre um terceiro ou segundo europeu e as demais classes do mesmo estabelecimento. Esta estratégia de reagrupamento e separação é frequentemente adotada pelos diretores de escola, porque só ela permite manter os melhores elementos, mesmo que tenham consciência dos seus efeitos perversos. Além de poderem sofrer a ira de sua hierarquia, isso pode levar a confrontos entre públicos muito diferentes. A presença de bons alunos tende a enfatizar o fracasso dos outros e os sentimentos de rebaixamento e injustiça que eles podem ter. Não há classe de elite sem

" aulas lixo ", cujo nome simples descreve

grosseiramente a violência simbólica com que jovens e pais são confrontados.

Rumo a uma abolição do mapa escolar?

Ignorando o mapa escolar tornando-se mais complicado, a lei de ferro do endereço pesa cada vez mais. Em resposta, em 2007, o governo ampliou as possibilidades de derrogação, aguardando uma abolição total que ocorreria em 2012... mas desde então desapareceu no limbo. O Estado, portanto, sopra quente e frio, o que reflete suas hesitações: o mapa escolar limita as estratégias de evasão de certas famílias... mas bloqueia aqueles que vivem em bairros desfavorecidos em estabelecimentos menos bons. Dos dois males, qual é o menor?

Algumas escolas secundárias escapam do mapa escolar. Em Paris, Henri IV e Louis Le Grand são totalmente dessetorializados: só conta a ficha do aluno. Em Versalhes, onde não há cartão escolar, a melhor escola secundária pode escolher os melhores alunos do arquivo.

Podem agora ser invocados sete motivos hierárquicos de derrogação: deficiência, motivo médico, facto de ser bolseiro, determinado percurso escolar, aproximação de irmãos, proximidade da residência ao estabelecimento pretendido e "Outros razões". O "curso escolar especial" permite que alunos musicais ou multilíngues ingressem em uma escola que oferece horários flexíveis. A escolha precoce de uma segunda língua moderna na faculdade, a opção de "história da arte" no ensino médio são outras possibilidades. O governo decidiu limitar o impacto deste motivo desde o início do ano letivo de 2014, porque o uso de opções raras pode ser um simples pretexto. Assim, é comum uma família que procura um bom estabelecimento fora do setor solicitar uma entrevista com o chefe do estabelecimento, e fazer um discurso do tipo: "Aqui está a ficha do meu filho. O que devo pedir para ele vir na sua casa? A resposta pode ser "atividade esportiva especializada, opção de vôlei", por exemplo. Ninguém vai verificar as habilidades do aluno no vôlei. Ele vai conseguir a tarefa de sua escolha e o ensino médio, um bom elemento. Em Paris, essas "viagens

os particulares " representam 48% dos pedidos de isenção, três vezes mais do que no resto da França. A razão médica também pode ser manipulada. Por vezes é invocado para integrar o meu liceu, com base em fichas médicas que mencionam "distúrbios de atenção" e outras patologias um tanto vagas, supostamente exigindo um tempo de transporte reduzido para o aluno, que por acaso mora perto, mas fora da área...

Os pais não se apressaram nas novas liberdades que lhes foram oferecidas. Entre 2006 e 2009, os pedidos de derrogação subiram de 6% para 11% dos alunos. 60% a 70% estão satisfeitos, de modo que as derrogações agora representam pouco mais de 7% dos processos de cessão, o que continua baixo [18]. Muito mais numerosos (36%) em Paris, os pedidos são largamente menos satisfeitos (31%) do que em toda a França, não sendo as capacidades de acolhimento dos colégios e escolas secundárias extensíveis ao infinito.

As derrogações obviamente não dizem respeito igualmente a todas as categorias sociais. Famílias abastadas raramente precisam disso, pois por definição moram onde estão os bons estabelecimentos. Uma pesquisa realizada em Montpellier mostrou que as faculdades dos belos distritos eram aquelas cujo recrutamento mais respeitava o mapa escolar [19]. Executivos privados ou lojistas freqüentemente recorrem à educação particular. Devido à falta de informação, as classes trabalhadoras estão mais satisfeitas com o estabelecimento público do seu distrito. Restam aqueles que não têm meios financeiros para viver nos melhores bairros, mas que têm um nível de educação que lhes permite conhecer o sistema de ensino, saber que as isenções são possíveis, como obtê-las e que é importante pegue eles. O tipo ideal de buscador é, portanto, o professor. De fato, os professores têm duas vezes mais chances que a média de matricular seus filhos em uma faculdade pública diferente da do seu setor.

Por que a flexibilização do mapa escolar não levou à sua abolição, como previa Nicolas Sarkozy? Seu recorde é controverso. Isso levou ao abandono de alguns estabelecimentos. Assim, os dirigentes do colégio Henri Longchambon, em Lyon, acreditam que a flexibilização, "se poderia ter beneficiado alguns, piorou a situação de seu estabelecimento" (quinto colégio mais desfavorecido do Ródano). Dado o número de alunos do CM2 na área, deveria ter recebido 190 novos alunos da sexta série, mas

Apenas 120 alunos compareceram [20]. Com 55 pedidos de derrogação em 2010, foi a faculdade mais rejeitada do departamento, apesar do aumento espetacular em seus resultados.

O problema dos estabelecimentos evitados é que eles perdem recursos, porque estes estão ligados ao número de funcionários: eles oferecem menos opções e às vezes têm que desistir das medidas pensadas para resolver os problemas que encontram. É bom que uma escola não seja muito grande, para conhecer bem cada aluno, mas uma escola muito pequena não é viável. Por exemplo, se um em cada dez alunos estuda alemão, um colégio com apenas duas turmas por nível terá apenas quatro ou cinco germanistas. Ou o alemão deixará de ser oferecido no ensino médio, o que o fará perder mais alunos, ou o será, à custa de um consumo significativo de recursos humanos, que obrigará a sacrificar outro ensino. A diminuição de pessoal também leva a cortes de empregos, que desorganizam as equipes e põem em xeque os projetos. Por fim, as chances de sucesso nesses estabelecimentos diminuem.

O governo Hollande, portanto, foi na direção oposta. A reforma do ensino médio pode significar o fim das aulas europeias e das antigas opções de idiomas, tão frequentemente usadas pelos pais mais bem informados para contornar o mapa escolar.

Presos entre um rígido mapa escolar que preconiza a segregação espacial e uma liberdade de escolha que agrega a segregação social, o poder público não encontrou uma boa solução. A razão desse impasse é simples: é difícil construir uma escola igualitária em uma sociedade que não o é. As enormes tensões em torno do mapa escolar decorrem das crescentes desigualdades entre os estabelecimentos, num contexto de exacerbado elitismo e segregação espacial. Eles só podem piorar à medida que mais e mais pais educados se tornam conscientes dos problemas.

Para quem observa as desigualdades, há um enigma francês: em termos de renda, a França não é particularmente desigual, em comparação com outros países desenvolvidos. O trabalho da OCDE (Organização para Cooperação e Desenvolvimento Econômico) a coloca em uma posição média [21]. Além disso, o acesso à escola é gratuito e obrigatório até os dezesseis anos. O benefício mais desfavorecido de bolsas de estudos e os recursos destinados a estabelecimentos desfavorecidos foram aumentados nos últimos trinta anos. No entanto, a França se sai menos em termos de desigualdade educacional do que países onde as elites permanecem entre si em escolas a 30.000 euros por ano. É incrível e, no entanto, confirmado, ano após ano, pelas pesquisas do PISA: "Na França, a correlação entre histórico socioeconômico e desempenho é muito mais acentuada do que na maioria dos outros países da OCDE", escrevem os responsáveis por esta pesquisa, e " o sistema educacional francês é mais desigual em 2012 do que nove anos antes" [22]. Este capítulo nos ajuda a entender o porquê. As famílias de origem privilegiada são as que mais eficientemente utilizam o sistema escolar que o Estado coloca à disposição dos cidadãos. E eles têm sucesso em particular porque são mais ricos. Dinheiro não é tudo, longe disso. Mas é a primeira razão pela qual as lacunas entre os estabelecimentos estão aumentando. Uma pesquisa dos EUA pela não partidária PEW

Foundation ²³ mostra que a segregação espacial aumenta a desigualdade de oportunidades. A escola está no centro desse fenômeno.

Capítulo 2 Notas

1. Robert P.ARK, "A cidade: propostas de pesquisa sobre o comportamento humano em um ambiente urbano" (1925), na Escola de Chicago. Nascimento da ecologia urbana, Editions du Champ urbain, Paris, 1979, p. 125.

2. As rendas médias de cada IRIS (cluster agrupado para informação estatística), grupo de aproximadamente mil domicílios, estão disponíveis no site do INSEE.

3. Gabrielle FACK e Julien G.RENET, "Mapa escolar e preços imobiliários em Paris", em Denise PUMAIN e Marie-Flore M.ATTEI(ed.), Urban Data, vol. 6, Economica, Paris, 2011, p. 181-186.

4. Sandra BLACK, "Escolas melhores são importantes? Valorização parental da educação elementar", Quarterly Journal of Economics, n [oh] 114(2), 1999, p. 577-599.

5. Votos à imprensa, 20 de janeiro de 2015.

6. Eric M. AURIN, The French Ghetto. Investigação sobre o separatismo social, Threshold , Paris , 2004.

7. Didier L.APEYRONNIE, Gueto Urbano. Segregação, violência, pobreza na França hoje, Robert Laffont, Paris, 2008.

8. OBSERVATÓRIO NACIONAL DE ÁREAS URBANAS SENSÍVEIS, Relatório 2013, Les Éditions du CIV, Paris, 2013, p. 90.

9. Laurent VISIER e Genevieve ZOIA, O mapa escolar e o território *urbano*, PUF, Paris, 2009.

10. OBSERVATÓRIO NACIONAL DAS ÁREAS URBANAS SENSÍVEIS, Relatório 2013, op. cit.

11. Veja, por exemplo, Anne CLERVAL, Paris sem o povo. A gentrificação da capital, La Découverte, Paris, 2013.

12. "Bobos, migrantes: duas "classes" conquistando os centros das cidades", Île-de-France 2030, 2 de dezembro de 2013.

13. TODOS os dados mencionados neste parágrafo estão disponíveis no site

14. Informe n ^{oh} 617 (2011-2012) da Sra. Françoise Cartron, elaborado em nome da Comissão de Cultura, Educação e Comunicação, entregue em 27 de junho de 2012.

15. Ibidem, pág. 37.

16. "O mapa escolar aumenta os preços: os

estabelecimentos listados estimulam a demanda em Paris e nas províncias", Le Particulier immobilier, n oh 292, dezembro de 2012,

17. Monique GIRY-VSOISSARD e Xavier N.IEL, "Homogeneity and disparity of classes in public colleges", Nota informativa, nº 97-30, Ministério da Educação Nacional, julho de 1997.

18. Veja Gabrielle FACK e Julien G.RENET, Relatório de avaliação sobre a flexibilidade do mapa escolar, CEPREMAP, Paris, janeiro de 2012.

19. Laurent VISIER e Genevieve ZOIA, *O mapa escolar e o território urbano*, op. cit.

20. Relatório de informação n ᵒʰ 617 (2011-2012) da Sra. Françoise Cardron, op. cit.

21. O índice de Gini traduz as desigualdades por um número entre 0 (igualdade perfeita) e 1 (desigualdade total). A França (0,30) é ligeiramente mais desigual do que a Dinamarca (0,25) ou a Suécia (0,27), mas menos do que os Estados Unidos (0,38), o Reino Unido (0,34) ou a Espanha (0,34).

22. OCDE, resultados da pesquisa para a França PISA, 2012.

23. "Mobilidade e metrópole. Como as comunidades influenciam a mobilidade econômica", um relatório dos fundos de caridade PEW, dezembro de 2013.

3

muletas de apoio escolar

"Quando uma criança não está progredindo, ela deve desistir [métodos que não lhe convém] [1]. »

E não chegando ao Lycée Quesnay, fiquei decepcionado com o nível de expressão e organização dos alunos. Alguns até pareciam muito fracos em minha disciplina. No entanto, os resultados gerais são bons. Por que os alunos fracos de Quesnay conseguem sair dela e obter o bacharelado? Rapidamente encontrei a resposta.

Em janeiro, inverti os horários de dois grupos de alunos da mesma turma, para que um não ficasse em desvantagem em relação ao outro. Marine veio me pedir para mudar o grupo dela para manter o mesmo horário. Eu disse a ela por que era impossível e ela começou a chorar. Quando ela conseguiu falar, ela me explicou o problema: ela tinha aula particular de matemática nesse horário e era muito difícil movê-la. Quinta à noite? Ela teve sua aula particular de história. Sexta-feira? Filosofia. No total, ela teve aulas particulares em cinco disciplinas diferentes, que nem todas lhe ensinaram muito, mas a tranquilizaram tanto que ficar sem elas parecia impossível para ela. Abordei esse assunto com meus alunos e descobri que o caso dele não era incomum.

Em geral, os pais que têm dinheiro parecem dispostos a pagar aulas particulares para seus filhos sem nenhum limite real, por falta de tempo para ajudá-los eles mesmos, por não poder continuar a ajudá-los diretamente quando os assuntos se tornam mais técnicos e porque nem sempre é fácil dar trabalho para os próprios filhos, que se tornaram adolescentes e se rebelam com facilidade. É claro que "pequenos cursos" não podem fazer tudo, principalmente quando se trata de preencher velhas lacunas. Um colega me disse de um aluno: "Eu a impressão de que ele não entende o que é um número. Da mesma forma, depois de anos de trabalho e vários exercícios, alguns continuam saindo do assunto e respondendo à margem. Aumentar as doses mudaria alguma coisa?

Além disso, a carga de trabalho que pode ser imposta às crianças pequenas é limitada. Lembro-me das palavras de um pai querendo me convencer de que sua filha tinha que passar do segundo para o primeiro ES apesar de seus resultados insuficientes: "E se ela trabalhar o verão inteiro várias horas por dia? Ela não pode ir de 20/08 para 20/10? Sim, mas a que custo? Será que um aluno que passou o verão debruçado sobre os livros conseguirá continuar no ano seguinte? Ele não vai rejeitar a escola? "Trabalhei como um louco para conseguir o estágio médico e sei que o trabalho compensa", acrescentou. Como se as duas situações fossem comparáveis!

Devemos, portanto, desconfiar da ideia de que as aulas particulares são um investimento que podemos acumular sem limites se tivermos meios financeiros para isso. Os resultados não são proporcionais à quantidade de cursos. A eficácia das horas extras, como a de todos os investimentos, está sujeita à lei dos rendimentos decrescentes: diminui à medida que o volume aumenta.

Uma vez feitas essas reservas, deve-se reconhecer que as aulas particulares são realmente eficazes. Eles acontecem no ritmo do aluno, forçado a uma certa atenção. O aluno costuma ser ativo, embora seja difícil envolver toda a turma. As aulas particulares também podem restaurar a confiança de um aluno que teve notas baixas ou que sente que não entende, dando-lhe a oportunidade de fazer perguntas sem medo de ser considerado um tolo. Confesso que às vezes sinto uma certa angústia quando alunos conhecidos por suas más interpretações levantam a mão para fazer uma pergunta na aula. Me sinto o goleiro na hora do pênalti, imaginando para que lado vai. Nas aulas particulares, basta que o professor seja positivo,

Finalmente, há o caso do aluno confrontado com um professor reprovado. Estou em uma boa posição para saber que existe. Conselho de classe terminal, em um bom colégio público: o professor de filosofia de lá é conhecido por às vezes cochilar nas aulas, preparar pouco as aulas, começar tarde as aulas e terminar cedo. Os confrontos com os representantes dos pais e dos alunos durante as reuniões do conselho são bastante frequentes. Você acha isso normal? Embaraço geral. a

diretor defende frouxamente o professor, que parece

despreocupado e desenha diligentemente na folha detalhando as notas dos alunos. Enquanto isso, eu me pergunto como estão os quatorze alunos que não fazem aulas extras...

Organizações privadas também são rápidas em cair nas brechas. Em uma aula preparatória em uma prestigiada escola parisiense, os alunos desafiaram as habilidades de um professor e começaram a abandonar suas aulas. Em poucas semanas, uma empresa de tutoria montou um curso na mesma disciplina e nos mesmos horários, resultando no constrangedor absenteísmo dos alunos, que não tinham a menor intenção de comprometer suas chances nas competições. O problema foi resolvido "exfiltrando" discretamente o professor em questão.

"Uma criança em dificuldade é uma criança ignorante... as suas forças"

"O apoio escolar ainda tem um futuro brilhante pela frente: população crescente de 6 a 19 anos, ansiedade crescente entre pais e alunos diante do aumento do desemprego, medo de rebaixamento, desconfiança no sistema escolar. "Não sou eu que o digo, mas sim a Xerfi [2], reconhecida especialista em estudos de mercado, que dedica 185 páginas ao estudo do mercado da tutoria, estimado entre 1,5 mil milhões e 2 mil milhões de euros por ano. explorado.

No entanto, já é o maior da União Europeia. Na pesquisa de desempenho dos alunos de 2009, a OCDE fez uma pergunta sobre a tutoria. Parece que este apoio é especialmente desenvolvido nos países asiáticos, devido à intensa pressão escolar, e na Europa de Leste, devido à degradação do sistema escolar. A França está logo atrás desses dois grupos de países, provavelmente por uma mistura dessas duas causas. Um quarto das crianças de quinze anos tem aulas de apoio em sua língua materna na França, em comparação com dois terços na Coréia... mas apenas uma em doze na Finlândia. Em matemática, o contraste é ainda maior, porque é a disciplina mais seletiva na França: 38% dos alunos fazem cursos de apoio, contra apenas 10% na Finlândia.

Segundo o sociólogo Jean-Paul Caille, um em cada dez alunos da sexta série se beneficia de aulas particulares remuneradas [3]. Não são os executivos que recorrem com mais frequência à tutoria no 6.º ano, mas sim os empresários, profissionais liberais e artesãos, comerciantes.

No total, as tutorias pagas são estimadas em 40 milhões de horas de aulas anuais pelo Centro de Análise Estratégica [4], ou seja, um orçamento médio para pais de 1.500 euros por ano para 40 horas de apoio, sendo a hora de aulas faturada em média 36,50 euros. As empresas do setor representam apenas cerca de 5 milhões de horas, ou 12,5% das horas dispensadas, sendo o restante essencialmente trabalho não declarado realizado por docentes e alunos. A participação das empresas caiu nos últimos anos, talvez devido ao aumento de impostos e contribuições, que afetou todos os serviços pessoais. Estas empresas são poucas, sendo a Academia e a Complétude as mais importantes.

Para desenvolver, despertam a sensação de insegurança escolar: a escola pública é mal organizada, rígida, não entende seu filho. Um excelente exemplo foi dado pela campanha publicitária lançada pela Academia no outono de 2013: em negrito, "Uma criança em dificuldade é uma criança ignorante", depois, em tipo claro, "... seus pontos fortes". O primeiro nível de leitura desse slogan é que o anunciante queria chocar com a afirmação inicial, chamar a atenção, antes de enfatizar a capacidade da Academia de encontrar e destacar os pontos fortes do 'aluno'. Mas há um segundo nível de leitura: o slogan sugere que a escola ignora os pontos fortes das crianças e, portanto, suas dificuldades. É ainda mais eficaz porque é parcialmente verdadeiro. Sabemos que nossa escola avalia mais algumas aptidões e habilidades do que outras e que é muito difícil pesar tudo sobre cada indivíduo em um grupo de trinta alunos. Também sabemos que ela é seletiva, dando pouca atenção à individualidade de cada um... o que não quer dizer que o pessoal da Academia se saia melhor.

Em um sistema competitivo, a tutoria visa dar uma vantagem ao seu filho. Essa lógica conduz inevitavelmente a um processo inflacionário: se os filhos dos outros também têm apoio in terminale, os meus devem ter apoio do segundo para seguir em frente. E se a maioria recebe apoio em segundo, tenho que começar antes. Esse mecanismo maluco vai longe, já que o grupo Metódia oferece reforço escolar desde o curso preparatório, em especial ajuda nos deveres de casa (lembre-se que os deveres de casa são proibidos no ensino fundamental). Não podemos fazer melhor.

Aliás, sim: as "miniescolas" oferecem atividades, nomeadamente de aprendizagem da língua inglesa, desde o infantário. Estas iniciativas encontram o apoio dos pais, condicionados à ideia de que a criança deve ser apoiada, praticamente desde o berço: "Não basta levar o seu filho à escola, é altamente recomendável acompanhar o seu progresso acadêmico. . Graças à Internet , os sites dedicados ao apoio escolar estão em constante melhoria para facilitar a tarefa dos pais. [...] Terás assim fichas de apoio escolar com exercícios práticos e aulas [5] . O objetivo é "ter sucesso no jardim-de-infância"! a Internet para as planilhas de tutoria para seus filhos de quatro ou cinco anos fala muito sobre a atitude de nossa sociedade em relação à escola, o estresse dos pais e o medo do futuro.

Em conversa com o Mediapart, um chefe de escola de Belleville resume bem o que está acontecendo:

Há uma tensão extraordinária entre os responsáveis, começando no jardim de infância. É fantástico. Deve estar conectado com a emergência monetária. As famílias precisam matricular seus filhos um ano antes da idade normal. Eles garantem que seu filho seja impecável! Um chefe local viu um pai chorando por sua filha estar um ano antes do previsto, caso ela precisasse refazer uma série um dia. Vemos jovens exagerados e superinvestidos. Quem transmite um fardo muito pesado6.

Visto de outro ponto, essa tensão é um impressionante impulso principal por trás da utilização do coaching. Durante o intervalo da manhã, duas crianças pequenas não se lembraram da minha presença e estão visitando discretamente a alguns metros do local de trabalho. Uma, uma substituta um tanto decente e a quem eu teria dado o grande deus sem admissão, esclarece para sua companheira que ela tinha que vigiar a correspondência, pegar o boletim escolar, filtrá-lo, alterar uma nota e um agradecimento, imprimi-lo e devolvê-lo a um envelope tendo em vista o fato de que em qualquer caso "[sua] mãe teria enlouquecido ao ver a nota numérica. [Ela teria] sido sequestrada por um bom tempo".

Pouco antes de cada teste, Cécile me envia um e-mail misturando perguntas sobre o curso e comentários negativos ("sinto que vou bombar neste teste"). Ao descobrir que seu oral claro em francês com um professor temido foi antecipado por algumas horas, Hermine vomitará no banheiro. Maxence, em pânico, trapaceia copiando da melhor maneira possível uma gabarito retirado da Internet usando seu laptop escondido em seu kit (detalhe irritante: o gabarito responde a outro assunto). Terça-feira, Lise desmaia e precisa ser levada para a enfermaria. Ela bebeu um quarto de cachaça, só para enfrentar o dia de aula com mais tranquilidade.

Coaching, serviço de alta qualidade

Além da tutoria, o coaching está se desenvolvendo. Consiste, nomeadamente, em levar os alunos a reflectir sobre a sua relação com a escola, sobre os seus métodos de trabalho, fazer-lhes testes de orientação e acompanhá-los nos passos a dar, nomeadamente no acesso ao ensino superior. Por isso, recebo regularmente mensagens de coaches explicando-me como preencher os arquivos de seus clientes que desejam se matricular em universidades estrangeiras. Um treinador particularmente desajeitado até se ofereceu para escrever uma carta de recomendação para mim ("apenas assine") para um dos meus alunos do último ano!

O coaching é geralmente concebido como um serviço de alto nível, como sugere seu nome emprestado do mundo dos grandes negócios e executivos. Nesse ambiente, de fato, os serviços de um coach são utilizados para refletir sobre seu plano de carreira, enfrentar um novo cargo com mais confiança ou superar dificuldades profissionais temporárias. Por analogia, o acompanhamento escolar deve ajudar o aluno a refletir sobre a sua orientação, as suas práticas, a sua motivação e a traçar um percurso escolar de acordo com a sua personalidade. É, portanto, um trabalho de escuta e de troca que os próprios pais têm dificuldade em fazer.

Os preços andam de mãos dadas com este perfil

topo de gama: duas sessões de teste e uma sessão de coaching individual são oferecidas a partir de 450 euros incluindo impostos por Ionis-tutoring.fr. A Objectif Postbac cobra a sessão 95 euros por hora... o que não é caro, comparando com outras atividades, explica a empresa no seu site:

Para efeito de comparação, alguns preços: coaching de voz (estúdio Lorenzo Pancino): 200 i/h; sessão de reforma (instituto de beleza nas províncias): i245 por uma tarde; consulta de psicoterapia comportamental (Paris 13): 150 i para H h, com média de 20 sessões; curso de voo para a licença de piloto privado (Aéro-Club de l'Ouest parisien): 164 i/h, com um mínimo de 40 horas; aula privada de kitesurf (Hérault): 180 i/h.

É um ponto de vista. Esta lista de atividades deixa claro qual é o público-alvo. Apreciamos também que a secção "Quanto custa o coaching por OPB" é ilustrada por uma fotografia de um cartão American Express Centurion, reservado a clientes que gastam pelo menos 150.000 euros por ano.

O ponto de venda do coaching é o teste de personalidade. Muitos alunos estão indecisos sobre sua orientação. No entanto, eles são solicitados a saber muito cedo e com muita precisão o que querem fazer e se orientar em uma gama cada vez maior de cursos de treinamento. Nas orais de muitos concursos, desde o bacharelato, pergunta-se ao candidato qual é o seu projeto de estudo, até mesmo o seu projeto profissional, cuja coerência o júri aprecia com os estudos prosseguidos. Muitos jovens de dezessete ou dezoito anos, sem experiência no mundo do trabalho, não fazem ideia. Eles passam, portanto, nos testes de orientação, na expectativa de que o mentor lhes diga: "Examinei seu caráter, suas capacidades e aqui está a preparação que mais lhe convém. Na sua maioria oriundos do mundo empresarial e convencidos de terem instrumentos preferíveis à Formação Pública, os mentores convencem ainda mais eficazmente os líderes, conhecedores desta capacidade. Não é por isso de estranhar que 70% dos tutores dos alunos formados sejam executivos de empresas.7 .

Como pode ser óbvio, ser um substituto de François Quesnay não é fácil o tempo todo. A tensão vem de todos os lados: tutores, instrutores, os próprios alunos, que têm o compromisso de vencer. É gigantesco, de vez em quando insuportável.

Em nenhuma outra escola eu tinha visto tantos problemas mentais relacionados à escola. Os alunos das classes preliminares também recebem reuniões de sofrologia. À força das condições, o estresse se transforma em um mercado considerável. Os arranjos oferecidos vão da sofrologia à homeopatia, por meio de terapia com agulhas e feitiços curativos. Depois de ser redesenhado, pronto, treinado, aqui estão nossos substitutos desempregados.

O papel dos benefícios fiscais

Desde 2005, as despesas com tutoria beneficiam de uma redução fiscal de 50% do valor efectivamente pago. Em 2007 foi acrescentado um crédito fiscal da mesma magnitude, de forma a não prejudicar os agregados familiares não tributáveis. O objetivo desta disposição é promover os serviços prestados aos indivíduos e, por conseguinte, o emprego, e reduzir o trabalho não declarado. A dedução é limitada. Consideravelmente aumentado nos anos 2000, este teto é de 12.000 a 15.000 euros consoante o número de filhos, o que permite pagar muitas horas de apoio. Esse benefício também faz parte das brechas fiscais, cujo valor total é limitado.

O benefício fiscal desempenha um papel essencial no sucesso das empresas de tutoria, cujo modelo económico é mais ou menos o seguinte: cobram 36,50 euros por uma hora de aula e pagam ao trabalhador cerca de 15 euros, aos quais se juntam as contribuições sociais. O custo salarial para a empresa ronda os 27 euros. A margem de 9,50 euros é utilizada para remunerar funcionários permanentes, pagar cargos, etc. O que fica para os acionistas, portanto, não é muito importante. Para amortizar a sua estrutura e rentabilizar o seu know-how, estas empresas lançam-se também em serviços auxiliares (acolhimento de crianças, por exemplo). Sua sobrevivência ficaria comprometida se a vantagem fiscal desaparecesse. Para os pais, o custo da hora é de 18,25 euros, uma vez deduzido o benefício fiscal.

As alternativas: recorrer a um freelancer, pago em vale-serviço, que custará um pouco menos, por falta de estrutura para pagar, ou que será pago à vista. Neste caso, o prestador de serviços não paga os encargos sociais nem a CSG (contribuição social generalizada) e pode assim ganhar um pouco mais, mesmo que os progenitores percam o benefício fiscal. Um professor certificado que dá uma hora adicional de aulas recebe cerca de 37 euros (brutos, mas os encargos são muito baixos nas horas extraordinárias), um agrégé, 52 euros, um professor em turma preparatória de 71 a 121 euros, consoante o caso . . É, portanto, muito difícil para as empresas de tutoria contratar o prestador de serviços que não paga encargos sociais nem CSG (contribuição social generalizada) e pode assim ganhar um pouco mais, mesmo que os pais percam o benefício fiscal. Um professor certificado que dá uma hora adicional de aulas recebe cerca de 37 euros (brutos, mas os encargos são muito baixos nas horas extraordinárias), um agrégé, 52 euros, um professor em turma preparatória de 71 a 121 euros, consoante o caso . . É, portanto, muito difícil para as empresas de tutoria contratar o prestador de serviços que não paga encargos sociais nem CSG (contribuição social generalizada) e pode assim ganhar um pouco mais, mesmo que os pais percam o benefício fiscal. Um professor certificado que dá uma hora adicional de aulas recebe cerca de 37 euros (brutos, mas os encargos são muito baixos nas horas extraordinárias), um agrégé, 52 euros, um professor em turma preparatória de 71 a 121 euros, consoante o caso . . Portanto, é muito difícil para as empresas de tutoria contratar um professor de classe preparatória de 71 a 121 euros, dependendo do caso. Portanto, é muito difícil para as empresas de tutoria contratar um professor de classe preparatória de 71 a 121 euros, dependendo do caso. Portanto, é muito difícil para as empresas de tutoria contratar profissionais qualificados. No Lycée Quesnay, as tarifas giram em torno de 40 a 60 euros por hora não declarada. As empresas de tutoria, portanto, usam principalmente os serviços de alunos de graduação ou mestrado 1.

Não se pode dizer, portanto, que a tributação criou o mercado de tutoria. No máximo, permitiu o sucesso de algumas empresas especializadas, em um mercado até então pequeno e pouco regulamentado. Tornou o ensino mais acessível para famílias de baixa renda? Pode-se pensar que sim, porque as empresas são de fácil acesso para quem não tem contato pessoal com alunos avançados ou professores. A vantagem fiscal também baixa um pouco os preços, desde que você abra mão de contratar um professor qualificado.

Esta acessibilidade de apoio é particularmente importante para os alunos mais jovens. Na sexta série, de acordo com o estudo de Jean-Paul Caille, a demanda por tutoria diz respeito aos mais fracos, muitas vezes de origem modesta. A capacidade dos pais de ajudar os filhos é decisiva. São, portanto, os professores que menos o utilizam e os imigrantes que o utilizam significativamente mais do que a média, mesmo no mesmo nível de ensino. Os mais ricos fazem muito mais uso de tutoria. Mas, então, os mais pobres recorrem a ela um pouco mais do que as classes médias. Isso pode ser visto como um reflexo da preocupação das famílias pouco preparadas para lidar com as dificuldades escolares de seus filhos e da incidência de dificuldades mais frequentes. A ideia de tutoria reservada para os ricos é, portanto, falsa. No entanto, o que é verdade na sexta série não é verdade em todos os níveis. Em relação aos alunos do ensino médio e, principalmente, ao coaching, a influência da renda é fundamental.

A vantagem fiscal não é unanimidade. Uma emenda ao projeto de lei de finanças de 2010 o fez desaparecer. Mais tarde, foi restabelecido, sob pressão do governo. Uma vez no poder, a esquerda, que havia votado contra a restauração do benefício fiscal, não o questionou até agora. O apoio escolar beneficiou ainda de contribuições de taxa fixa para a segurança social, declaradas como se o trabalhador recebesse o salário mínimo. A abolição desta vantagem em 2013 encareceu as aulas particulares em cerca de dois euros por hora.

O argumento dos opositores ao benefício fiscal dado às tutorias é óbvio: custa 300 milhões de euros por ano, principalmente a favor dos mais privilegiados e das empresas de tutoria. O que disse o deputado da UMP, Lionel Tardy, em 2009: "O crédito tributário, ou seja, o dinheiro público, serve essencialmente para inflar os lucros dessas empresas privadas. Esta ajuda fiscal não conduziu a reduções de preços para as famílias nem a gerar um abastecimento de qualidade [8]. O argumento dos defensores dessa vantagem também é compreendido: trata-se de profissionalizar essa atividade e tirá-la da ilegalidade, em benefício da Previdência Social. Salientam ainda que o rendimento das contribuições para a segurança social induzido compensa parcialmente o custo do benefício fiscal. Enfim, achei que poderia mostrar que a brecha fiscal criada pelo Estado fez prosperar um mercado de tutoria para os mais privilegiados. A realidade é muito mais nuançada.

Law and Sciences Po brincam de esconde-esconde com o setor privado

Tutoria também ocorre após o bacharelado. O modelo de estudos médicos, apresentado na introdução, estendeu-se a outros campos. Muitas empresas privadas oferecem cursos, estágios e simulados de direito, além dos cursos oferecidos pela universidade. Como na medicina, essas preparações são adaptadas às especificidades de cada universidade. A ênfase é frequentemente colocada nas universidades mais conceituadas e seletivas, como Paris-II e Aix-en-Provence. Como na medicina, as propagandas dessas preparações começam enfatizando o aluno e sua família ("72% dos alunos repetem o primeiro ano"), antes de vender-lhes diversos serviços.

Por que a lei? Porque é, com a medicina, a única área em que a universidade não é (ou é pouco) contestada pelas grandes escolas. Atrai, portanto, em maior número do que outros cursos, estudantes de origem abastada dispostos a investir em seus estudos. 36% dos estudantes de direito têm pais executivos, contra 25% dos estudantes de economia, por exemplo. Há, portanto, uma demanda solvente.

Além disso, as faculdades de direito padecem das mesmas deficiências da medicina, senão piores: supervisão muito fraca dos alunos, ano muito curto, cargas horárias mal distribuídas, provas mal organizadas, impossibilidade de fazer perguntas ou voltar a um aspecto do curso abre uma verdadeira avenida para tutoria.

Por sua vez, o Instituto de Estudos Políticos de Paris (mais conhecido sob a marca Sciences Po Paris) recruta a maioria de seus alunos após o bacharelado. Dada a seletividade do concurso (a maioria dos candidatos são bons alunos, mas apenas um em cada dez é admitido), os cursos preparatórios, públicos e privados, desenvolveram-se ao longo dos anos. A Sciences Po lamentou esse desenvolvimento, porque cada vez mais candidatos estavam fazendo um ano preparatório antes de entrar no ano preparatório da Sciences Po, amplamente dedicado às conferências básicas e de método. Finalmente, em 2010, o instituto decidiu reservar o concurso para os bacharéis do ano, a fim de evitar essa passagem pela preparação [9].

Como a competição acontece em setembro, os prépas também oferecem estágios de verão. A Sciences Po, portanto, adiou a competição para junho... e os alunos preparatórios ofereceram estágios durante as férias curtas. Finalmente, em 2013, o concurso foi antecipado para março do último ano, o que facilita os procedimentos de orientação e os cursos preparatórios passaram a ser dirigidos a alunos do primeiro ano, sem descurar os estágios e cursos durante o último ano. Seja qual for a data da competição, desde que haja demanda, haverá oferta.

Porque a preparação para concursos é a área mais dinâmica da tutoria. Uma entidade especializada como o IPESUP ampliou consideravelmente a sua oferta. Ele prepara para o diploma superior em contabilidade geral (DSCG), que leva ao fretado contabilidade, exames de admissão paralelos para escolas de negócios, exames de admissão para Sciences Po, tanto no nível de graduação quanto no nível de mestrado, exames de admissão para ENA (Escola Nacional de Administração) e institutos regionais de administração, CELSA (Escola de Estudos Avançados em Ciências da Informação e Comunicação) e escolas de jornalismo, concursos para escolas de engenharia, escolas de negócios e escolas de pós-bacharelado em engenharia. Eu certamente esqueço alguns. ISTH acrescenta a Ecole du Louvre e uma dúzia de concursos administrativos. Sem querer parecer desdenhoso para com estes corpos de funcionários públicos, recorde-se que um fiscal de impostos inicia a sua carreira por volta de 1.450 euros líquidos por mês incluindo bónus e um auxiliar de enfermagem à volta do salário mínimo. O fato de haver preparações privadas pagas para esses concursos mostra que ninguém escapa do fenômeno, desde que leve ao emprego.

Claro, é porque há demanda, alimentada pelo altíssimo nível de desemprego, que a oferta prospera. Mas a oferta também cria demanda. Como vimos em relação à medicina, o principal em uma competição é ser o mais bem preparado. O fato de alguns candidatos recorrerem a uma preparação privada adicional praticamente força os outros a se alinharem.

Em que setor é possível, em França, criar uma start-up assim que termina os estudos e faturar dois milhões de euros cinco anos depois? Em preparação para competições. O Cap enseignement supérieur, criado por dois graduados em uma escola de negócios, é uma bela ilustração de uma conquista brilhante. A organização oferece custos educacionais domésticos e cursos de auditoria antes dos testes de seleção para escolas de design, faculdades de negócios, Sciences Po e assim por diante.

Um dos problemas é rastrear treinadores com recursos de ponta e suposições de remuneração discretas. O Cap enseignement supérieur subseqüentemente alista alunos que concluem seus negócios ou escola de design e oferece a eles uma remuneração mais alta do que o normal do mercado (30 euros líquidos por hora para ilustrações domésticas). Esses jovens que ainda não se formaram frequentemente precisam de dinheiro (principalmente na faculdade de administração!) e realizam bem os concursos. De acordo com os alunos, eles são sustentáveis.

Os cursos são cobrados em torno de 60 euros por hora, uma despesa a ser dividida graças à redução do imposto. Os cursos são apresentados como suntuosos: o local de correção disponibilizado aos alunos está perfeitamente ajustado a este período vital: o Château de Méridon, um palácio do século XIX em um parque de sete hectares, no coração da floresta Chevreuse. . Os substitutos se beneficiam da "prontidão mental à luz das bases do trabalho de base para rivalidades de nível significativo. Este plano de ação é obviamente eficaz.

Internet: ajudar ou enganar?

Muitos alunos gostariam que alguém fizesse o dever de casa para eles. Não é muito moral, mas é humano. Mas a beleza da economia de mercado está no fato de que, quando há demanda , a oferta não demora a aparecer. Surgiu em 2009, online, sob o nome explícito de fairemesdevoirs.com. Lançado por um graduado da escola de negócios, este site apresentado por seu fundador como a venda de "aconselhamento estratégico" oferecido para fazer todos os tipos de lição de casa, da faculdade ao ensino superior, em sete disciplinas diferentes. O aluno digitava o título ou digitalizava o tópico e recebia a tarefa de um a três dias depois. O truque do site residia sobretudo no seu modo de pagamento: SMS e audiotel pagos permitiam aos jovens, mesmo muito jovens, não munidos de cartão bancário, comprar um serviço sem informar os pais. [10] » [sic]. A equipe "deseja garantir que as gerações futuras sejam melhores que as anteriores, e fairemesdevoirs.com não poderá contribuir em nada para isso". Fim da aventura do habilidoso empresário, partiu para exercer seus talentos em outras áreas.

Só que, no maior critério, outros sites do mesmo tipo foram criados posteriormente. Por exemplo, expertdevoirs.com se oferece para fazer qualquer tipo de tarefa, em vários assuntos, de ensaios a tradução, pela módica quantia de 18,99 euros por página. Alunos e professores colaboram e fornecem as respostas. Os alunos de François Quesnay são obviamente clientes ideais. Aliás... Surpresa com a qualidade de alguns trabalhos de casa, uma professora de filosofia investiu na compra de uma redação sobre o assunto que havia entregue a seus alunos. No entanto, o site dá nomes de pessoas que adquiriram a mesma disciplina: seus alunos. Ambiente garantido no dia da entrega dos exemplares...

Ainda mais surpreendentemente, o site oficial que gerencia os serviços de emprego retransmite ofertas de emprego do site femontaf.com (vamos apreciar a sutileza desse nome de domínio). Em particular, os professores são convidados a fazer trabalhos de casa, a remuneração depende da nota obtida pelo aluno (www.emploi.services.fr/faismes-devoirs-femontaf). Entre o setor público moral e o apoio ao emprego, os serviços estatais estão claramente um pouco perdidos.

Uma fórmula ligeiramente diferente é a venda de tarefas concluídas, que são agregadas em uma biblioteca de ensaios, folhas de leitura, apresentações e dissertações que são revendidas a outros alunos. Destina-se principalmente ao ensino superior. Sites como oboulo.com, AcaDemon.fr ou touslesdocs.com compram trabalhos de casa, com os fornecedores recebendo 50% do faturamento gerado pela venda de seus trabalhos de casa. Assim, no AcaDemon, uma apresentação sobre "países emergentes" custa 5,95 euros (garantido sem plágio!), um TPE [11] sobre "O estudo da radiação eletromagnética da máquina de Wimshurst", 8,95 euros. Há dissertações de mestrado em direito, bem como análises de obras literárias ou relatórios de auditoria de empresas com cerca de quarenta páginas.

Esses sites enviam um sinal detestável para alunos e estudantes: tudo pode ser comprado, trapacear não é problema. Os alunos também entenderam imediatamente as novas regras do jogo e trocaram conselhos em fóruns online: "Quem já vendeu em um site desses? ", "Tenho um livro de memórias e muitas folhas de leitura para vender: onde vou ganhar mais dinheiro? ", etc . Essa prática representa um sério problema de equidade na avaliação dos alunos. Muitas instituições adquiriram software para detectar plágio. Em muitas universidades, o relatório de análise comprova que a parcela de empréstimos é inferior a 10% ou 15% do texto deve ser anexado à tese antes da defesa.

No entanto, esses programas não são uma panacéia. Certamente, comparam o texto com o que está disponível na internet e no banco de dados da instituição. Mas continua sendo muito fácil enganá-los, por exemplo, substituindo espaços por espaços em branco de outras fontes ou certas palavras estratégicas por sinônimos. Finalmente, o software só funciona em um idioma. Portanto, sempre é possível obter um trabalho escrito em outro idioma e traduzi-lo pelo computador (verificando a tradução muito seriamente depois!). Na era digital, o tráfego de tarefas de casa tem um futuro brilhante pela frente.

As possibilidades de compra de ajuda para ter sucesso na escola são, portanto, infinitas. Claro que as aulas particulares não transformam o aluno medíocre e preguiçoso em um animal competitivo. Mas esses suportes podem fazer a diferença, especialmente quando alguns décimos de ponto separam o sucesso do fracasso. Sua proliferação revela as deficiências das escolas públicas, a engenhosidade da iniciativa privada e a exacerbação da competição escolar.

Os pais são prisioneiros dessa lógica infernal: como poderiam recusar essa ajuda aos filhos se eles têm meios para oferecê-la? Assim que o cheque foi assinado, eles fizeram o que puderam, usaram sua posição financeira privilegiada para beneficiar seus filhos. Isso é compreensível e obviamente não podemos culpá-los. Eles estão ainda mais dispostos a fazê-lo porque a massificação das escolas secundárias reduziu a vantagem desfrutada por crianças de origens privilegiadas no passado.

Resta a grande maioria, aqueles que, com a maior boa vontade do mundo, não podem financiar esses cursos e esses cursos complementares, que seus filhos nem ousariam pedir.

Capítulo 3 Notas

1. Anúncio da Academia, campanha de 2013.

2. XERFI, "O mercado de apoio escolar", 2011.

3. John Paul C.AIL, "Aulas particulares no primeiro ano do ensino médio: um em cada dez alunos da sexta série recebe aulas particulares pagas", Educação & formações, n°79, 2010.

4. CAS, Analysis Note, not° 315, janeiro de 2013.

5. SCOLARAMA, "Como ajudá-lo a ter sucesso no jardim de infância".

6. Michael HAJDENBERG, "Mapa escolar: "Tive que escolher entre meu filho e meus princípios"", Mediapart, 5 de julho de 2014.

7. Anne-Claudine OLLER, "Coaching escolar na França. Surgimento de um novo mercado educacional", Educação comparada, not° 6, 2011, p. 181-202.

8. Intervenção perante a Assembleia Nacional, 13 de novembro de 2009.

9. A entrada para bac + 1 continua sendo possível na maioria dos Po de Ciências provinciais. A mudança decidida pelo IEP de Paris também desapontou alguns hipokhâgnes públicos, que lutavam contra a erosão da força de trabalho oferecendo preparação

para Sciences Po.

10. "Faimesdevoirs.com já está fechando suas portas", *Release*, 7 de março de 2009.

11. Trabalho pessoal supervisionado, apuração de prova para o bacharelado, composto por uma produção e uma defesa oral.

4

A descoberta do mundo

"Provavelmente, um milhão de bebês nasceram de casais Erasmus desde 1987 [1].»

P por que tantos alunos com dificuldade em história ou matemática obtêm uma média geral honrosa na François Quesnay? Porque eles são bons em línguas. E eles são bons em idiomas porque suas famílias estão bem de vida.

Daniel tenta me impressionar iniciando uma conversa laboriosa em inglês com seu filho de cinco anos. Quando estava no preparatório, havia perdido as melhores escolas por causa do inglês. E, como a empresa onde trabalha foi comprada por um grupo americano, sofre o martírio durante as reuniões. Então ele começou a estudar inglês e decidiu que seu filho seria bilíngue. No momento, este está no jardim de infância em Beautiful Minds, uma escola Montessori em Courbevoie que é ruinosa para seus pais, mas que é realmente linda. Depois, será o American College of Paris aos sábados e cursos de idiomas nas férias. Porque não é na escola da República que se aprende a falar inglês. O nível médio lá é um dos piores da Europa e está se deteriorando.

Numa economia globalizada, o conhecimento de línguas modernas assume necessariamente importância. A linguagem de Shakespeare ocupa um lugar especial deste ponto de vista: as reuniões de administração de algumas grandes empresas francesas ocorrem apenas em inglês, a língua que às vezes é a da maioria dos acionistas; As revistas científicas francesas são publicadas em inglês, porque os pesquisadores querem ser lidos e citados; os cursos de algumas escolas são em inglês, para atrair estudantes estrangeiros e preparar os franceses para os negócios. Fora da França, o inglês é onipresente, seja nas indústrias culturais, nos negócios ou nas instituições.

internacional . O programa Erasmus, que pretende aumentar a variedade dos intercâmbios linguísticos, não utiliza o inglês como língua de trabalho em dois terços dos casos? A única área que resiste é a universidade francesa.

A lei Toubon de 1994 proibiu cursos de inglês em estabelecimentos públicos e privados, exceto quando o falante fosse estrangeiro. Ela nem sempre foi respeitada. Seu efeito foi limitado em escolas de negócios, cujos professores são majoritariamente estrangeiros (dois terços, no caso da HEC – École des Hautes Etudes Commerciales), ou em escolas de engenharia (na Centrale Paris, 25% dos cursos científicos e técnicos são ministrados em inglês). No entanto, o anúncio da supressão desse dispositivo na lei de 2013 gerou protestos, em nome da defesa da língua francesa. A Academia Francesa protestou, vários acadêmicos renomados publicaram fóruns na imprensa. Mais uma vez, o abismo que separa a França empresarial da França acadêmica foi revelado. Emoldurada por emendas parlamentares, a medida segue aprovada. Agora é legal ensinar em uma língua estrangeira no ensino superior na França. É provável que essa possibilidade seja usada sobretudo em benefício do inglês.

Esse desenvolvimento reforça o caráter estratégico do nível de proficiência em inglês, que tem ganhado importância em exames e concursos. O nível de inglês está sujeito a avaliações padronizadas, principalmente o TOEIC (Test of English for International Communication), o TOEFL (Test of English as a Foreign Language) e o IELTS (International English Language Testing System), que são mais exigentes. As escolas de engenharia agora impõem um nível TOEIC mínimo (geralmente uma pontuação de 750). Nos vestibulares para as escolas de engenharia, o peso do inglês não é desprezível: ele pesa cerca de 11% tanto na Polytechnique quanto na Centrale ou na Mines. Para as escolas de negócios, é um pouco mais: cerca de 13%, dependendo dos percursos e concursos, sancionados por uma escrita e uma oral. De facto, o inglês está em todo o lado, inclusive nos concursos para enfermeiros, desde 2009, e para professores escolares, desde 2006, ainda que possa ser substituído por outra língua viva.

O teste de inglês é o que mais discrimina socialmente nas competições de recrutamento de escolas de negócios. A ponto de Valérie Pécresse, então Ministra do Ensino Superior, destinatário de um relatório da inspeção geral sobre a discriminação social nas competições, estimar que seria necessário reduzir o peso [2] e alterar a natureza do teste. Na ENA, onde a classificação de saída continua a ser decisiva, o teste de línguas desempenha um papel essencial. E há uma forte conexão entre a pontuação da linguagem e o início social. Como admite um enarque: "Os dialetos são um recurso significativo para ter efeito na ENA, e claramente as várias estadias fonéticas que minha família me ofereceu desde minha juventude tiveram um papel enorme3.»

No nível especializado, de acordo com uma análise da Comissão Europeia, 66% dos chefes europeus consideram que a capacidade em dialetos desconhecidos é uma regra significativa ou vital para recrutar graduados. Entre eles, os franceses são os mais insatisfeitos com as habilidades linguísticas de seus recrutas4. De acordo com um concentrado de uma empresa de recrutamento, apenas 15% dos chefes de RH não testam os iniciantes em suas habilidades em inglês e a maior parte o faz na reunião principal. Os representantes conhecem essas deficiências. O inglês é também a especialidade mais procurada na preparação profissional, frente ao autoaperfeiçoamento e à informática.

Nós somos os burros

Praticamente todos os alunos aprendem inglês na França. Na escola primária, 76% dos alunos estudavam inglês em 2000; hoje são 93%, em detrimento do alemão. Na faculdade, mesmo que o inglês não seja obrigatório, ele é escolhido como primeira língua estrangeira por 95% dos alunos e aqueles que optam por outro idioma (principalmente o alemão) adotam o inglês como segunda língua.

Mas a importância desta lição não se reflete nos meios utilizados. Durante os anos 2000, os tempos de ensino de línguas modernas foram reduzidos nas escolas de ensino médio e o desempenho dos escolares franceses em idiomas é ruim. Pela primeira vez, foi realizada uma avaliação internacional de competências linguísticas em países europeus em 2011. Cinquenta mil alunos foram testados no final do nono ano ou equivalente em três competências na primeira ou segunda língua moderna. Na França, os idiomas avaliados foram o inglês e o espanhol. Os resultados deste estudo comparativo são instrutivos: no que diz respeito às três habilidades avaliadas, o nível francês está bem abaixo da média dos treze países testados. [5] . O sistema francês costuma ser criticado por não dar espaço suficiente à palavra falada e por priorizar a gramática. É de fato na expressão escrita que o nível é o menos ruim. Mas permanece significativamente menor do que a de outros europeus. A lacuna aumenta quando passamos para a compreensão da leitura e torna-se abismal na compreensão oral, menos de 15% dos alunos com nível satisfatório.

As instruções oficiais de 2008 especificam que "no final do CM2, os alunos devem ter adquirido as competências necessárias à comunicação elementar definidas pelo nível A1". O Ministério estabelece, assim, como objetivo ao final do ensino fundamental um patamar que ainda não foi alcançado por cerca de 40% dos alunos do ensino médio ao final do terceiro ano, seguindo o hábito de estabelecer objetivos sem se preocupar com seu realismo. Já a "base comum de competências" que deveria definir o nível básico exigido de cada universitário, só é alcançada por um quarto dos alunos, ficando os demais na base.

Outra pesquisa [6] permite uma comparação, desta vez no tempo. No final do nono ano, os alunos foram questionados sobre várias habilidades em 2004 e 2010. Devido à generalização do aprendizado de línguas no CM1, então para todo o ensino fundamental no início dos anos 2000, um progresso significativo deveria ter ocorrido. No entanto, observamos quase o contrário na compreensão oral (encontramos mais alunos com dificuldades e menos bons alunos). Quanto ao domínio da escrita, há pouca evolução, mas as diferenças de nível aumentam entre os alunos com dificuldade e os melhores.

Não discutiremos aqui as razões desse baixo desempenho, que certamente não são atribuíveis apenas à escola. Por exemplo, o fato de filmes e séries americanos serem transmitidos em sua versão original em muitos países desempenha um papel importante. Mas refira-se que se alargou o fosso entre os resultados dos estabelecimentos públicos e os dos privados, em benefício destes últimos. Isso se deve principalmente ao colapso das habilidades linguísticas na educação prioritária. No entanto, se há uma área em que o nível médio da escola influencia o progresso dos alunos é a das línguas, uma vez que o ensino assenta em grande parte na discussão em sala de aula. A forma como a aprendizagem do inglês foi introduzida no ensino primário explica, em parte, a desigualdade de desempenho.

Os pais estão bem cientes de que o ensino de línguas não atinge os objetivos definidos para ele e da importância das competências linguísticas. Até porque, na vida profissional, os adultos muitas vezes sofrem com as próprias dificuldades de se expressar em inglês e subestimam seu nível, como mostram diversas pesquisas. Eles, portanto, procurarão fora da escola os meios para dar a seus filhos um bom nível de idiomas, em particular, em inglês.

Os idiomas são mais fáceis de aprender quando você é jovem, especialmente a pronúncia. "Nossa escola oferece um ambiente bilíngue e oferece às crianças dois idiomas em cada aula todos os dias", especifica o arquivo de apresentação da Beautiful Minds, escolas Montessori que operam em Courbevoie e Puteaux, na região de Paris. Pais dispostos a dar desde o início a melhor formação em inglês aos seus filhos recorrem a esta escola, que acolhe crianças dos dois aos seis anos. Daniel é engenheiro industrial. Ele ganha uma vida decente, mas o investimento é pesado: 585 euros por mês em doze meses. Ele e sua esposa fizeram esse sacrifício porque se sentem fracos em inglês e estão convencidos de que dominar esse idioma pode fazer a diferença para seu filho. Eles não são os únicos: um estudo sobre aulas particulares na sexta série mostra que, quando os pais de alunos fracos ou médios compram aulas particulares para seus filhos, geralmente é em francês e matemática. Mas os pais de alunos bons ou excelentes investem sobretudo no apoio em inglês [7], material que é bem percebido como o caminho para fazer a diferença.

Melhor ainda, é possível matricular seu filho em uma faculdade bilíngue. Existem dez faculdades e escolas secundárias bilíngues particulares em Paris, cerca de vinte no total na região de Paris. A aprendizagem geralmente começa no jardim de infância. Muitas vezes, são instituições não contratuais e, portanto, caras.

Citemos a American School of Paris, com preços de cortar a respiração: as propinas ascendem a 30.000 euros por ano no ensino básico e secundário, às quais se deve acrescentar uma contribuição para a manutenção do campus, paga uma única vez, de 10.380 euros por criança, taxas de inscrição inicial de 1.070 euros e taxas de segurança, cobradas desde os atentados de 11 de setembro de 2001, de 700 euros. Este preço excepcionalmente alto para a França está ligado às instalações, espaçosas e com tecnologia de ponta, aos serviços (instalações esportivas, opções gastronômicas, múltiplas atividades artísticas), ao benefício de um ensino que segue os usos dos currículos americanos . . No entanto, é possível melhorar o seu inglês desde o jardim de infância, fazendo um curso semanal por 1.280 euros por ano.

É claro que outros estabelecimentos têm uma abordagem mais modesta e custos mais baixos, ao mesmo tempo em que oferecem aos alunos um bom nível de treinamento de idiomas. Uma das mais baratas, a ativa escola bilíngue Jeanine Manuel, em Paris, por exemplo, custa 1.800 euros por semestre, do sexto ao último ano. Existe um suplemento para passar no International Baccalaureate. Vale a pena parar neste último. Ao contrário do que o nome pode sugerir, o International Baccalaureate é um diploma privado, criado por uma fundação. Nem sempre reconhecida na França por razões administrativas, ela dá acesso às Grandes Ecoles. Muito original, exige a produção de uma dissertação, um estudo crítico da produção científica e trabalhos em vários idiomas. Atualmente, 3.400 estabelecimentos em todo o mundo incluindo preparam, incluindo onze escolas secundárias na França (instituições privadas de muito boa qualidade, muitas vezes muito caras). Refira-se, no entanto, que os únicos colégios públicos que figuram entre os cinquenta melhores são dois estabelecimentos bilingues, que seleccionam os alunos, por exame no caso do colégio franco-alemão do Buc e em arquivo ou em prova no colégio internacional faculdade de Saint-Germain-en-Laye.

Por que os alunos da Quesnay são bons em idiomas? Omiti a resposta mais simples, que um dos meus alunos me lembra em tom de evidência:

— Todos os meus amigos cujos pais contrataram au pairs que falam inglês são bilíngues. As au pairs só precisam falar com as crianças em inglês e, quando atingem a idade de oito ou nove anos, estão indo muito bem.

— É este o seu caso, Laurence?

— Não, ela responde, um pouco desgostosa. Minha mãe levava africanos, um colombiano... e mudava a cada dois anos.

Laurence está, portanto, em desvantagem devido ao tropismo de sua família pelo Terceiro Mundo. Mesmo assim, tranquilizemos o leitor: essa aluna, que também é adorável, fala um inglês excelente, que está aperfeiçoando no Canadá.

Uma au pair, como nos romances do passado. Afinal, ele

" suficiente " para ter um quarto livre em seu apartamento, localizado em uma grande cidade universitária, para alimentar uma boca adicional e fornecer ao aluno pelo menos 80 euros de mesada por semana. Estamos obviamente longe dos meios que a Educação Nacional põe à disposição dos alunos: duas ou três horas de aulas por semana são dedicadas ao estudo de cada língua, parte das quais pode ser com assistentes de língua materna inglesa, que conversam com quinze alunos.

Viagens escolares realizadas como parte do estabelecimento podem fornecer um suplemento modesto. Eles dificilmente podem exceder alguns dias durante o período escolar, mas às vezes se estendem até duas semanas, transbordando para as férias. Durante vários anos, a organização dessas viagens esbarrou em regras meticulosas da lei em matéria de financiamento. Os professores de idiomas também reclamam que o trabalho árduo de preparação e supervisão envolvido nessas viagens não é de forma alguma reconhecido. Ao contrário, são acusados pelos colegas de atrapalhar o andamento das aulas. Tudo, portanto, conspira para que essas viagens permaneçam exceções. No máximo podem dar um gostinho da cultura do país visitado.

Cursos e idiomas em abundância

Basta dar um passeio em Londres ou pegar o Eurostar em julho para ver que as viagens de idiomas para a Inglaterra estão florescendo. Apesar dos salários muito baixos, abrigar jovens europeus, muitas vezes franceses, também é uma importante fonte de renda para muitas famílias de baixa renda na área de Londres. Estas estadias, imersas em família ou em grupo, continuam dispendiosas: é necessário contabilizar cerca de 1.500 euros no mínimo no Reino Unido durante duas semanas, transporte não incluído. Uma estadia da mesma duração nos Estados Unidos custará facilmente 4.000 euros.

Este investimento está reservado às famílias que têm meios, mas também que percebem a sua importância e sabem comunicá-la aos seus filhos. Quando são jovens, dificilmente concordam em ir sozinhos. Para ajudar os pais a convencê-los, o "English + sport" ou "English

+ aventura" são oferecidos por organizações especializadas, o que encarece o curso e reduz a sua eficácia. São especialmente as famílias mais favorecidas que mandam seus filhos para a imersão, a fórmula mais eficaz. Falar inglês perfeito é uma necessidade para eles; os meios de conseguir isso não são discutíveis. Porque o inglês é uma disciplina especial. Três semanas com uma família valem tanto ou até mais do que um curso de um ano. Concordamos que tal resultado seria muito difícil de reproduzir em matemática ou geografia. Portanto, não é de surpreender que a permanência do idioma aumente significativamente as lacunas na proficiência em inglês entre os jovens, em benefício dos mais favorecidos.

Claro, é ainda mais eficaz residir e ser educado em um país anglo-saxão. O caso mais frequente é o dos alunos cujos pais se encontram expatriados há alguns anos por motivos profissionais. Na maioria das vezes, são executivos (sete em cada dez expatriados) ou líderes empresariais. A expatriação diz respeito sobretudo a jovens trabalhadores, sobretudo se tivermos em conta o voluntariado internacional nas empresas, reservado a menores de 20 anos.

oito anos. Portanto, não é incomum que expatriados encontrem seus cônjuges no exterior, o que "produz" filhos frequentemente bilíngues e biculturais. Em uma escola secundária como François Quesnay, também nos impressiona o alto número de alunos bilíngues, porque um dos pais é estrangeiro ou porque eles foram parcialmente criados no exterior, na maioria das vezes em um país de língua inglesa. De acordo com o estudo realizado periodicamente pelo portal de expatriação Mondissimo (www.mondissimo.com), 56% dos expatriados conheceram a pessoa com quem vivem durante a expatriação. O acaso, portanto, faz bem as coisas, o que aumenta o grau de internacionalização das elites e a vantagem competitiva que daí derivam. Como canta Gérard Manset: "Dizem que o amor é cego, mas é preciso acreditar que ele vê. »

O domínio de línguas modernas, especialmente o inglês, é, portanto, um fator essencial de discriminação por classe social e dinheiro. Crianças de origens privilegiadas são melhores em inglês, graças às vantagens que sua família lhes dá para melhorar nessa matéria. Num contexto em que o Ensino Nacional luta para a formação linguística, em que a proficiência em inglês ganha importância na seleção escolar e no acesso ao emprego, o impacto desta vantagem é cada vez maior.

Durante uma entrevista com a mãe de um aluno, ela me confidenciou que sua filha tirou um ano entre o nono e o segundo na Escócia, porque é uma tradição familiar: seu pai, seu tio, sua irmã mais velha faziam o mesmo e todos faziam Nós vamos. "É muito gratificante", acrescenta. Ao ouvi-lo, não consigo deixar de pensar em Bourdieu. O capital cultural, escreve o sociólogo, "custa tempo e tempo que deve ser investido pessoalmente [8]". Em que ambiente social, de fato, concordaremos em estender o tempo escolar em um ano para sair dele mais bem armados, porque já abertos ao vasto mundo?

Durante meu primeiro ano no Lycée François Quesnay, preenchi mais solicitações de admissão ao ensino superior no Canadá, nos Estados Unidos ou no Reino Unido do que durante o resto da minha carreira. Tornei-me especialista em UCAS (Universities and Colleges Admissions Service), sei aproximadamente quais alunos provavelmente serão levados para a HEC Montreal ou Warwick Business School e escrevo cartas de recomendação no estilo do país, elogiando o profundo comprometimento ("grande envolvimento") e os excelentes desempenhos acadêmicos ("excepcionais desempenhos acadêmicos") de meus bons alunos, porque a hipérbole é a regra nas cartas de recomendação anglo-saxônicas. Geralmente, eu os encorajo a tentar a aventura quando a consideram, porque ainda poderão obter o mestrado que estão perdendo no retorno se o diploma anglo-saxão não for suficiente e terão uma vantagem óbvia no idioma, na gestão das relações interculturais e terão aprendido a conviver em contextos distantes do ambiente tão protegido em que cresceram. Essa convicção foi afirmada quando alguns voltaram para me ver depois de um ano no exterior: mais maduros, mais seguros de si, descobriram quem eram e o que queriam ser. Um quarto da produção francesa é vendido fora das fronteiras. Por outro lado, compramos no exterior um quarto do que consumimos. Empresas estabelecidas no exterior ou adquiridas por empresas estrangeiras. Os congressos científicos são quase todos internacionais. Metade das nossas leis vêm de diretivas europeias, adotadas após longas negociações... em inglês. Oitenta milhões de turistas estrangeiros visitam a França todos os anos. Consequentemente, nossas atividades, nossas profissões, nosso futuro estão inextricavelmente ligados ao resto do mundo.

Este é diverso. A ideia de uma sociedade mundial unificada é falsa, mesmo que as grandes capitais, vistas através de aeroportos, lojas de luxo e hotéis, possam parecer parecidas. Cada país mantém sua cultura, suas tradições, seu sistema social. O conhecimento, não apenas da língua, mas de países estrangeiros é, portanto, importante em um número crescente de profissões e sempre será. No entanto, esse conhecimento só pode ser adquirido indo até lá.

Escolas globalizadas e Erasmus ao resgate

As primeiras a entender isso são as escolas de negócios. Pelo menos um estágio no exterior – dois em algumas escolas – é necessário para validar o seu diploma. Quase sempre é possível seguir um ano inteiro de estudo em uma escola parceira, ou mesmo um ano sabático no exterior. As escolas estão, de fato, multiplicando parcerias com escolas de outros países para facilitar esses intercâmbios e a obtenção de duplos diplomas. A HEC emite assim dezassete diplomas duplos, nove dos quais em parceria com instituições estrangeiras. Estes diplomas duplos enriquecem o curriculum vitae dos alunos e comprovam a sua capacidade de adaptação a um ambiente estrangeiro.

As escolas também competem em voluntariado nesse quesito: cada uma afirma que o internacional é sua força, sua especificidade, sua identidade, seu "DNA". As maiores frequentemente abriram campi no exterior. A ESSEC (Escola Superior de Economia e Negócios) está presente em Singapura; A ESCP Europe opera em cinco campi (Paris, Londres, Berlim, Turim e Madri); A EM Lyon estabeleceu-se em Xangai, a EDHEC (Ecole des Hautes Etudes Commerciales) em Londres e Singapura, etc.

As escolas de engenharia seguiram o exemplo não sem um certo atraso, mas às vezes com entusiasmo. A Centrale Paris abriu um campus em Pequim, que forma engenheiros trilíngues em seis anos, outro em Hyderabad (Índia) e uma École Centrale Casablanca deve abrir suas portas em breve. Um estágio de um semestre no exterior é obrigatório e todos os alunos aprendem pelo menos dois idiomas. Na École Polytechnique, 85% dos alunos ficam no exterior (nove meses em média) e quase metade passa todo o quarto ano em uma universidade estrangeira.

Os IEPs (Institutos de Estudos Políticos) e os institutos católicos também se internacionalizaram: estágio obrigatório no exterior, diplomas duplos, parcerias. Sciences Po Paris desempenhou um papel pioneiro nesta área. Quando a transição dos três para os cinco anos de escolaridade se torna inevitável. No início do ano lectivo de 2000, foi introduzido um ano no estrangeiro (o que permitiu também alargar as limitadas capacidades de acolhimento da rue Saint-Guillaume).

Também é possível fazer o mundo vir até você. Nas escolas de negócios, a influência de alunos estrangeiros promove a aclimatação a outras culturas. Assim, 12% dos alunos na França, mas 20% dos alunos das Grandes Escolas, ou 48.000 alunos, são estrangeiros. Na Sciences Po Paris, a proporção de estrangeiros chega a 42%. Parte dos cursos são ministrados em inglês, tanto para poder acomodar esses alunos estrangeiros quanto porque alguns professores, quando não são a maioria, o são. Permanece a universidade, ainda pouco voltada para o exterior. Há vinte e cinco anos que existe uma possibilidade muito interessante através do Erasmus, também acessível a alunos das Grandes Ecoles ou em STS (secção de técnico superior). O programa pretende promover estágios ou períodos de estudo noutros países da União Europeia e, desde 2014, fora da UE. A cada ano, envolve pouco mais de 30.000 estudantes franceses, que vão principalmente para a Espanha e o Reino Unificado. Um em cada cinco faz uma posição de nível básico lá e quatro em cada cinco revisam lá. Este é claramente um número discreto: aborda menos de 1,3% dos alunos, uma taxa várias vezes menor do que a de alunos das Grandes Escolas que viajam para outro país. Esperando que todos permaneçam como substitutos por muito tempo no geral, apenas um em dezessete sairá, um semestre ou um ano, dentro da estrutura de Erasmus ... incluindo inúmeros alunos de Grandes Ecoles. Obviamente, nem todos os substitutos são equivalentes dessa maneira. Outra disparidade vem do perfil dos alunos que passam por Erasmus. O substituto comum é "um estudante no terceiro ano de uma educação universitária de quatro anos em direito, sociologia ou humanidades, com um dos pais se concentrando em educação avançada e cuja família é um pouco rica", mostra uma nova pesquisa.9. O financiamento europeu paga a um estudante Erasmus uma bolsa que vai de 100 a 300 euros por mês (de 130 a 350 euros por mês para um trabalho temporário). O ainda está no ar por um conselho de administração escolhido, especificamente de acordo com as regras sociais. De qualquer forma, considerando esses guias (em queda acentuada), o Erasmus é considerado excessivamente caro por 55% dos alunos abordados. Os imperativos monetários são também a principal explicação dada para não viajar para outro país. A expansão de 40% no plano financeiro do Erasmus+ para o período 2014-2020, quando o programa foi prejudicado por limitações monetárias, afetou a quantidade de prêmios.

Finalmente, para estudantes ricos, passar algumas semanas de verão nos Estados Unidos fazendo cursos antes de retornar à França com um diploma americano é uma maneira lucrativa e agradável de usar o tempo de férias. Os programas de verão permitem isso. É certo que os recrutadores têm poucas ilusões sobre o valor dos diplomas emitidos após um período de formação tão curto. Eles ainda ajudam a preencher um currículo com um diploma de Stanford ou Berkeley obtido a baixo custo (por assim dizer) e a descobrir um país. Eles são muito populares. Por outro lado, as Grandes Escolas francesas acolhem muitos estudantes estrangeiros neste contexto, porque esta significativa fonte de rendimento adicional prolonga o período de utilização dos seus equipamentos.

A grande (e cara) partida

A proporção de alunos do ensino médio que partem para o ensino superior no exterior é muito maior nos bairros nobres. Em cada turma, três ou quatro alunos continuam seus estudos em outros lugares, em particular em universidades britânicas e canadenses, estas últimas geralmente tendo a vantagem de permitir que os alunos façam seus exames em francês no primeiro ano, momento de aclimatação. Outros frequentam as excelentes escolas de hotelaria suíças. Em vez disso, universidades americanas de prestígio são consideradas para mestrado ou pós-graduação. Uma pesquisa realizada em 2013 pelo IFOP (Instituto Francês de Opinião Pública) confirma isso: 77% dos alunos cujos pais são executivos ou profissionais intermediários, contra 49% em média, planejam estudar pelo menos parcialmente no exterior.

Partir, é verdade, não é fácil. Você tem que pensar, aos dezoito anos, se encontrar sozinho, ter que falar uma língua estrangeira, inclusive durante os exames, poder dominar os códigos de uma cultura diferente. É preciso determinação e confiança, bem como o apoio de sua família. Esses ingredientes são mais facilmente encontrados em círculos privilegiados, imitando a classe média alta. O mundo sempre foi o playground desse grupo social. Primos do outro lado do Atlântico, do Canal da Mancha ou do Reno não são incomuns. A presença de babás e au pairs estrangeiras garante o domínio precoce de línguas estrangeiras e a familiaridade com certas culturas, especialmente a cultura anglo-saxônica. Os estudos secundários às vezes são seguidos no exterior, em faculdades suíças ou inglesas. Os estabelecimentos privados que acolhiam a classe média alta, como a École des Roches na Normandia, também eram muito cosmopolitas.

Este modelo está gradualmente se estendendo às classes médias altas. Muitas vezes, as famílias têm uma vasta experiência em países estrangeiros, cultivada durante intercâmbios linguísticos, estágios ou transferências profissionais. Geralmente positiva, esta experiência leva os pais a apresentarem a expatriação de forma favorável e a desdramatizá-la. Em vez de reter os filhos, por medo do desconhecido, da distância, de não poder ajudá-los, que é o reflexo na maioria dos ambientes, os pais de origem privilegiada os incentivam a sair ou, pelo menos, a considerar essa saída de uma forma mais positiva. Como resultado, as crianças de origens privilegiadas muitas vezes abordam o exílio com uma confiança que falta aos outros. Fevereiro é o mês em que são decididos os estágios de terceiro ano no exterior na Sciences Po e nas escolas de negócios. Meus ex-alunos que estudam lá postam seu destino no Facebook: Tóquio, Nova York, Delhi... nada os assusta, principalmente porque muitas vezes eles têm contatos familiares lá, que não necessariamente procurarão, mas que asseguram.

Nos países populares entre os estudantes, o ensino superior é geralmente mais caro do que na França, onde o modelo gratuito mantém uma certa força e onde os mecanismos de financiamento de estudos pagos são, como resultado, subdesenvolvidos. No entanto, o custo adicional deve ser avaliado em conexão com a preparação praticamente idêntica. O aprendizado na HEC Montréal não tem garantia de custo superior ao de uma faculdade de negócios na França, devido aos acordos atuais entre Quebec e a França. As despesas educacionais na London School of Financial Services são de 10.200 euros por ano no nível de graduação, o que não é exatamente o mesmo que o BBA (homem solteiro em negócios) e outras escolas com custo de planejamento coordenado. Além disso, os alunos franceses são qualificados para bolsas semelhantes aos ingleses.

Por outro lado, os especialistas em ciências, transmitindo um diploma universalmente percebido em um ano, são caros: mais de 60.000 euros na London Business College, algo entre 20.000 e 40.000 euros por ano para uma certificação de engenharia de software no MIT (Massachusetts Foundation of Innovation), 40.000 euros por ano na Harvard Clinical School. Isso é mais do que os chefes mais caros transmitidos pelas escolas francesas. Escolas de alojamento suíças também são realizadas para estudantes com recursos abundantes: custa 122.750 euros por um ano em Lausanne e 149.000 euros em Glion por sete semestres; números

" abrangentes ", inquestionavelmente, mas que permanecem confusos. A indústria de viagens francesa pode recrutar seus chefes entre ex-alunos das Grandes Escolas que seguiram uma especialização em pousadas, apresentada, por exemplo, pela EM Lyon. Viajar pela Suíça, portanto, tem o benefício fundamental de ficar longe da interação de escolha na entrada das Grandes Ecoles, ao mesmo tempo em que fornece um certificado de renome. Às propinas deve ser adicionado o custo de vida no local e o das viagens. As oportunidades de financiamento são geralmente maiores do que na França; as escolas ajudam ativamente seus alunos a mobilizá-los.

Nota: saber quanto custa uma escola francesa às vezes é uma corrida de obstáculos. Freqüentemente, você precisa preencher uma folha de informações para receber um link ou um folheto informativo informando sobre as taxas de matrícula, ou até mesmo entrar em contato diretamente com a escola. Pelo contrário, a maioria das instituições estrangeiras publica uma tabela de taxas precisa e completa, acessível com um clique para todos os cursos. Isso reflete uma atitude muito mais relaxada em relação ao custo da educação nos países anglo-saxões ou na Suíça.

Uma experiência lucrativa

Por que sair? O nível de estudos na França é bom, principalmente no treinamento seletivo. Entre meus alunos que passaram um semestre ou um ano estudando no exterior, muitos acreditam que os cursos são de melhor qualidade na França. A França também está muito bem classificada entre os lugares para estudar, devido à variedade de cursos de treinamento de alto nível e à boa opinião dos empregadores sobre os diplomas franceses. Comparando as cidades onde estudar, a empresa de pesquisa britânica Quacquarelli Symonds coloca Paris na liderança, à frente de Londres e Boston – por favor! Lyon e Toulouse também estão entre as cinquenta maiores cidades do mundo.

No entanto, ir para o exterior permite que você melhore suas habilidades no idioma e se integre no mundo um tanto estranho das escolas internacionais. Claro, este mundo é fortemente anglo-saxão, mas há cada vez mais asiáticos lá, especialmente no Reino Unido e na Austrália. Muitas vezes, são alunos que passaram por internatos. Deixaram a família e por vezes o país há muito tempo, viajam entre várias culturas e medem a importância da solidariedade entre os pares. Isso cria uma cultura e um estado de espírito muito diferentes dos das escolas francesas, especialmente porque as universidades anglo-saxônicas deixam muito espaço para a iniciativa e responsabilidade individual.

No nível de mestrado, as Grandes Ecoles francesas inspiram-se muito neste modelo. De volta à França para se preparar para o mestrado, o aluno que concluiu o bacharelado em um país anglo-saxão conhecerá esse ambiente cosmopolita, seguirá os cursos em inglês sem a menor dificuldade e utilizará a rede internacional que eles terão construído. .

Aqueles que concluem toda a sua educação no exterior geralmente se beneficiam para iniciar sua carreira lá. Muitas empresas estão estabelecidas em vários países, já que as trocas entre empresas pertencentes a um mesmo grupo multinacional representam 40% do comércio mundial. A questão da gestão intercultural, portanto, torna-se central; uma colheita dupla dá uma vantagem considerável.

Essa análise objetiva deve ser complementada por dados psicológicos intangíveis que me impressionaram muito. Quem sai muitas vezes deseja fugir de um ambiente familiar e social um tanto sufocante, em locais demarcados de um grupo social restrito. O ar do mar aberto transforma-os de uma forma sempre positiva e por vezes espetacular. Pedi a Amélie para servir como minha informante sobre a vida nos campi ingleses, pois confio em seu julgamento. Eu a encontro transformada por seu ano de exílio. Manteve um estilo discreto, mas adquiriu grande autoconfiança e projeta-se para o futuro com muita determinação e vontade. Seu lado um tanto hesitante desapareceu completamente. Ela me impressiona quando me explica que se comprometeu a compilar um diretório de franceses que passaram por sua universidade e reuni-los,

Finalmente, ir para o exterior durante seus estudos lhe dá uma vantagem competitiva no mercado de trabalho, pelo menos para acessar empregos qualificados. Nas funções executivas de grandes empresas, a vantagem é considerável. Uma imersão real, de vários anos, também dá um acesso muito melhor aos mercados de trabalho estrangeiros. Os alunos das Grandes Ecoles se beneficiam muito mais do que os das universidades. Essa vantagem também é uma função da origem social. Sair é caro: apenas uma pequena minoria da população pode pagar por esse tipo de escola para seus filhos. Você precisa de um bom nível de linguagem, o que vimos depende muito do ambiente familiar. Você também tem que se lançar ao desconhecido, o que é muito mais fácil quando você está acostumado, desde a infância, férias e estadias de idiomas no exterior e quando os pais incentivam a saída. Em todos os sites especializados, estudar no exterior é apresentado como um investimento; ainda é preciso ter meios para investir.

Capítulo 4 Notas

1. COMISSÃO EUROPEIA, setembro de 2014 (comunicado de imprensa).

2. Entrevista no L'Express, 28 de setembro de 2010.

3. Entrevista em Jean-Michel EYMERI, La Fabrique des énarques, Economica, Paris, 2001, p. 189.

4. VSEUROPEAN COMMISSION, Employers' Perception *of Graduate Employability*, Flash Eurobarometer, novembro de 2010.

5. Bélgica, Bulgária, Croácia, Espanha, Estónia, França, Grécia, Malta, Holanda, Polónia, Portugal, Eslovénia e Suécia ("SurveyLang survey", in Nota informativa, n ^{oh} 12.11, Ministério da Educação Nacional, junho de 2012).

6. DEP, "Habilidades dos alunos na compreensão de línguas estrangeiras modernas no final do ensino médio", Nota informativa, n ^{oh} 12.05, abril de 2012.

7. John Paul C.AIL, "Aulas particulares no primeiro ano da faculdade", loc. cit.

8. Peter BOURDIEU, "Os três estados do capital cultural", Proceedings of social science research, no. 30 de 1979 ·

9. Annick BONNET, "Mobilidade estudantil

Erasmus. Contributos e limites dos estudos existentes", CIEP, março -25 anos-erasmus.pdf.

5

Depois do bacharelado, TSF (tudo menos universidade)!

"Os benefícios de pertencer a um grupo são o fundamento da solidariedade que os torna possíveis. [1].»

VS como seguir _ do e udes s superior quem sou eu no uma Bem em trabalho quando você tem um nível educacional frágil? Vimos no início deste livro que o desvio para o exterior permitia, por vezes, contornar a seleção acirrada que prevalece em certas disciplinas, desde que essa solução caríssima pudesse ser financiada. Continua a ser mais fácil integrar escolas privadas, com propinas elevadas, o que limita fortemente o número dos seus candidatos e a sua seletividade.

Quando eu trabalhava em uma escola secundária da classe trabalhadora, quase não ouvia falar dessas escolas. Desde que estava no Lycée Quesnay, percebi que as escolas de negócios com preparação integrada, pouco seletivas, mas que levam em quatro ou cinco anos a diplomas bem recebidos pelos empregadores, são a primeira saída para os alunos do ES. É até uma saída padrão para quem não tem certeza do que quer fazer. Em menor escala, a mesma tendência pode ser observada nas escolas de engenharia.

A ajuda no desempenho, o tema do alto custo dessas escolas nunca é mencionado pelos alunos. Freqüentemente, eles não têm idéia do custo ou até mesmo pensam que seus pais provavelmente não terão a opção de arcar com o custo. Durante as conversas de direção, geralmente sou eu quem levanta o assunto primeiro... frequentemente com a incrível ajuda dos guardiões, para quem é claramente um componente significativo, mas que nem brincaria com a possibilidade de referenciá-lo, para não parecem ir contra o progresso de seus jovens para a economia.

Todos informados, os responsáveis muitas vezes hesitam em prosseguir com essa decisão, pois sabem do nível escolar modesto dessas escolas. Para alunos fortes (os geralmente excelentes não gostam dessas escolas), encorajo a focar nas melhores escolas e ir se preparar caso não sejam escolhidos nas poucas melhores. Para os alunos médios, não tenho nada a dizer, porque nenhuma outra formação dentro deles dá-lhes tão grande acesso ao trabalho como essas escolas, mesmo localizadas na parte inferior da tabela.

Quais alunos para quais escolas?

É um mistério: todos os anos, alunos com graves deficiências, nomeadamente na expressão escrita e oral, ingressam em conceituadas escolas como a ESSCA (Ecole Supérieure des Sciences Commerciales d'Angers), a ESG (Graduate School of Management) ou a BBA da ESSEC, apesar tendo acabado de obter o bacharelado. Este ano, novamente, o mais fraco dos meus alunos que ingressam na ESG teve uma média de 8,8 no último ano e 10,2 no bacharelado. Podemos dizer que este exame tornou-se um passeio no parque, para alguns, é mais difícil de obter do que o vestibular. No entanto, os gravíssimos dados publicados pelo L'Étudiant mostram que a média no bacharelado dos alunos dessas escolas é bastante boa: 12,77 para o ISTEC (Escola Superior de Comércio e Marketing), 13,25 para o IPAG (Instituto de Preparação de Administração Geral), 13,37 para a EBS (European Business School), 13,7 para a ESSCA, 13,74 para a ESCE (Escola Superior de Comércio Exterior) , 13,95 para a ESG, 14,56 para o IESEG (Instituto de Economia e Gestão Científica). Como explicar isso?

Em 2010, tive uma longa discussão com um aluno e sua mãe. Queria passar no exame de acesso para integrar o IESEG. Ela teria preferido que ele fizesse uma preparação, que ele tinha os meios para realizar. Claramente, esta mãe qualificada atribuía um valor formativo à preparação, à sua elevada exigência, ao seu rigor, às bases sólidas de cultura geral que ali se adquirem. Relutantemente, ela levantou a questão do custo de uma escola em cinco anos.

"Você tem como pagar," seu filho disse calmamente. "Mas voce nao esta sozinho. Tem também seus dois irmãos", lembrou ela. Ele ganhou o caso e passou no concurso. O resto da história ? Vi meu aluno recentemente em uma loja, onde vendia sapatos, para se ocupar antes de um estágio. Depois de passar um semestre em Mumbai e validar um diploma indiano, ele se preparava para fazer um MBA no Peru. "Assim, ele me disse, terei um diploma em francês, um em inglês e outro em espanhol. Claramente ele não havia perdido seu tempo. Teria custado um pouco menos a seus pais se ele tivesse cursado a escola preparatória e provavelmente teria conseguido uma escola de nível superior. Ele havia se poupado de dois anos de intenso trabalho e estresse e do risco de perder as competições, que ainda existe. Ele sabia que tinha sido levado antes mesmo de passar no bacharelado e, portanto, tinha todas as chances de ir para o mestrado sem problemas. Podemos prever uma boa carreira para ele, mas provavelmente menos boa do que se tivesse entrado na HEC ou ESCP Europe.

Existem, portanto, dois tipos de alunos nas escolas particulares de pós-bacharelado: os alunos razoavelmente medianos, que teriam poucas chances de ingressar na escola após um curso preparatório, e os que têm maior dificuldade para passar na graduação em economia e administração. Eles escolhem essas escolas por padrão. Outros, de bom nível, o fazem por conforto. Como os alunos médios conseguem se integrar nessas escolas? A primeira condição é poder pagar 8.000 a 9.000 euros por ano durante cinco anos, aos quais se juntam vários custos; ou seja, um orçamento de 40.000 a € 50.000. Eliminando esta condição a grande maioria dos alunos, a seletividade escolar dessas escolas é necessariamente fraca, caso queiram preencher suas turmas. É fácil mostrá-lo.

As escolas com preparação integrada admitem 20% a 30% dos candidatos que se apresentam. É muito mais do que HEC, claro, mas ainda seletivo, o que as escolas não deixam de apontar. No entanto, isso é apenas uma aparência. A maioria dos alunos se inscreve em várias escolas, tanto mais facilmente quanto os concursos são parcialmente comuns. Imagine que os candidatos se candidatem a uma média de cinco escolas e todos sejam admitidos em uma delas. Cada escola poderia alegar ter admitido 20% dos candidatos, sem que os concursos fossem difíceis. A seleção também tende a diminuir em função da queda no número de candidatos. Também não é alheio à origem social do candidato. Ouçamos o testemunho de Sarah, candidata aprovada na ESPEME (Escola Superior de Gestão de Empresas em quatro anos, do grupo EDHEC), entregue a uma organização de consultoria de estudos: "Fiquei muito feliz com o meu oral. O júri, composto por duas mulheres, ficou cativado pelo que eu estava dizendo, em particular pela minha estada de dois meses e meio em Melbourne, na Austrália. [2] . Na verdade, é mais interessante do que a costa inglesa.

O fato de que esses alunos geralmente medianos encontram facilmente um emprego administrativo é um segundo mistério. Se não possuem um nível acadêmico superior aos da universidade, como explicar a preferência relativa das empresas por egressos da escola?

Primeira explicação: redes. Tal como as suas irmãs mais velhas de maior prestígio, estas escolas têm a grande vantagem de criar laços com os empregadores e mantê-los, através de estágios e associações de antigos alunos. As Grandes Escolas atribuem enorme importância à manutenção das redes: eventos envolvendo ex-alunos e alunos, cujo maior exemplo é o prestigioso Bal de l'X, diretórios de ex-alunos, jornais têm a função de vincular uma comunidade. Na China, as escolas de negócios oferecem mensalidades de MBA para políticos, a fim de atrair executivos seniores que desejam enriquecer sua rede. Os graduados geralmente guardam boas lembranças de seus anos escolares e muitas vezes receberam ajuda de idosos, o que os incentiva a ajudar as novas gerações. Conscientes de que seu diploma é ainda mais valioso quando seus detentores ocupam cargos de prestígio, eles tendem a contratar ex- alunos de sua escola. Os estágios também são um recurso valioso. Eles contribuem para que o egresso tenha mais agilidade operacional e amplie sua rede de relacionamentos, sendo esta a forma mais eficaz de conseguir um emprego, principalmente para executivos.

Segunda explicação: as universidades tendem a negligenciar o conhecimento não acadêmico. As escolas de negócios, assim como certas escolas preparatórias, ao contrário, ensinam seus alunos a se apresentarem. "A aparência física, principalmente a vestimenta, e a hexis corporal são objetos e objetivos de aprendizagem. [...] É de fato a facilidade, ou melhor, suas manifestações externas, que são objeto de trabalhos significativos", escreve a socióloga Muriel Darmon sobre a preparação comercial [3]. Indo para o final do processo, a escola de gestão ESG utiliza, para formar os seus alunos em liderança (?), as competências do curso Florent, que integra o mesmo grupo desde 2012. Estas preocupações fazem eco à descrição feita pelo os sociólogos Michel Pinçon e Monique Pinçon-Charlot da educação da burguesia em colégios chiques: "A apresentação de si não é deixada à boa vontade dos alunos. Se trajes negligentes são proibidos, o dia reserva certa descontração: na maioria dos colégios suíços ou na École des Roches, a gravata não é obrigatória para frequentar as aulas. É diferente para o jantar que é um momento intenso de sociabilidade burguesa. [4].»

Em outras palavras, os alunos adquirem na escola de negócios, caso ainda não o tenham feito em suas famílias, disposições que o sociólogo Pierre Bourdieu chamou de capital cultural incorporado. Moldando a imagem da pessoa, muito valiosa nas entrevistas de recrutamento e na vida profissional em geral, este capital muitas vezes faz a diferença. Capacidade de encontrar a distância certa em relação aos seus interlocutores, evitando o excesso de familiaridade ou subserviência, capacidade de adotar o tom certo, capacidade de impressionar favoravelmente: difíceis de medir, essas habilidades são de grande ajuda para os graduados das Grandes Escolas para impressionar seu público e convencê-los de que eles são executivos confiáveis.

As principais escolas de três anos também estão procurando por essas habilidades. Aqui, por exemplo, é como ESSEC (www.essec.fr) apresenta a entrevista individual, acusada de um coeficiente extremamente alto: "O encontro potencializa o caráter do novato a ser pesquisado: familiaridade visual e verbal; receptividade; versatilidade ; simpatia; sentimento de obrigação. Para a ESSEC, os concorrentes devem saber: apresentar-se; dar sentido à sua profissão e aos seus empreendimentos; discutir os seus encontros; partilhar as suas inclinações. Uma pessoa do júri desta prova, um líder empresarial, quando disse-me completamente que possivelmente levou vinte minutos para estar ciente de que um substituto tinha o caráter de um chefe decente. É claramente arriscado se esta é a "personalidade" do novato descoberto por este oral; artesanato criado. Seja como for, isso realmente importa, desde que o competidor possua todas as qualidades necessárias? Ele terá mostrado que joga o jogo, que compartilha os objetivos e valores da organização es, que ele domina seu estilo e códigos.

Seria desnecessário, em qualquer caso, restringir a força desses substitutos a esses atributos. Este ano, os alunos da minha escola secundária coordenaram uma festa. Ouvimos alunos cantando, tocando representações e música, de violino solo ao metal mais implacável. O choque veio dos vinte substitutos que assumiram a responsabilidade pela associação. Freqüentemente erradicados ou incômodos em sala de aula, eles se tornaram pioneiros poderosos ou moderadores semiproficientes. Marcaram uma reunião com o presidente da Câmara e conseguiram uma sala encantadora, trataram da aprovação da organização da escola, trataram da bilheteira, das audições, da administração, do agrupamento de exposições; sem uma nota falsa. Eles ilustraram capacidades de iniciativa, comunicação, negociação, trabalho em equipe que nosso sistema escolar não avalia, mas que importam no mundo do trabalho. Quase todos no terminal ES, a maioria estará na escola de negócios no ano que vem; seu treinamento já começou.

Um sentimento de injustiça

Esse sucesso, tão intimamente ligado à capacidade financeira dos pais, gera um forte sentimento de injustiça em alguns alunos e professores. Podemos entendê-lo. Tomemos um adolescente que se expresse corretamente e que, pela educação recebida em um ambiente familiar muito favorecido, tenha uma boa apresentação e certa facilidade na sociedade. Essas qualidades, que podem parecer triviais, não o são para quem está acostumado a trabalhar com jovens que hesitam entre o silêncio e a agressividade. Quantos jovens de quinze ou dezesseis anos sabem apertar a mão de um desconhecido e se apresentar com sobriedade, sem timidez ou excesso? Vamos imaginar que esse adolescente esteja bastante interessado em seus estudos. Ao final da segunda, tendo conseguido ficar em torno da média, ele (a) opta pelo fluxo ES, pois sabe-se que em S "é preciso trabalhar". Depois de um primeiro medíocre, que fecha qualquer possibilidade de ser admitido em cursinho ou dupla licença, pois seu histórico escolar ostentará o traço, chega o último ano, decisivo. Nosso adolescente está acelerando, trabalhando um pouco para o bacharelado e muito para as competições Link, Team, Sesame ou Access, graças às quais as escolas de negócios com preparação integrada recrutam. Surpresa (porque ele tem poucas ilusões sobre seu nível acadêmico): ele é admitido em várias escolas. graças ao qual as escolas de negócios com preparação integrada recrutam. Surpresa (porque ele tem poucas ilusões sobre seu nível acadêmico): ele é admitido em várias escolas. graças ao qual as escolas de negócios com preparação integrada recrutam. Surpresa (porque ele tem poucas ilusões sobre seu nível acadêmico): ele é admitido em várias escolas.

Ele teve uma educação agradável lá, intercalada com seminários de esqui e estágios no exterior. O casulo dourado em que passou a adolescência permanece. A homogeneidade social é ainda mais pronunciada do que no ensino médio. A carga de trabalho continua bastante suportável. Como um aluno francamente admite em um fórum: "Aqui é o meu nome Lionel, estou no meu primeiro ano na ESSCA e acho que estou começando a me arrepender... Na verdade, a ESSCA é a glândula ... eu, sou um trabalhador esforçado e perceber que na ESSCA não vou me matar [5]. O ambiente não é muito estressante, já que a maioria dos alunos termina o curso sem problemas. Ao final desses cinco anos, eles encontram um emprego em poucos meses e ganham tanto quanto se tivessem o bacharelado S, um supletivo de matemática e uma boa escola de engenharia. Estamos longe da pista de obstáculos frequentemente descrita na imprensa. Qual é a receita milagrosa para negociar esse momento crucial dessa maneira? Dinheiro, claro.

A análise do que acontece nas escolas de engenharia confirma o peso determinante do valor das propinas. Escolas de engenharia pós-bacharelado estão crescendo. No entanto, sua seletividade é muito variável. Enquanto os INSA (Institutos Nacionais de Ciências Aplicadas), escolas públicas que custam 600 euros por ano, são muito seletivos – cerca de 2.000 vagas para 13.000 candidatos e uma maioria de bacharelado com altas honras – as escolas privadas pagas, que custam de 6.000 a 8.000 euros por ano, são acessíveis a um bacharel médio sem muita dificuldade. A média de seus alunos no bacharelado, comparável à dos alunos pós-bacharelado da escola de negócios, é quatro pontos inferior à dos alunos do INSA.

Que uma educação realizada nessas condições dê origem a um sentimento de injustiça não é surpreendente. Nós ouvimos isso na boca dos alunos preparatórios. Nos fóruns estudantis, quando um infeliz aluno do último ano sugere que os diplomas de certas escolas de pós-bacharelado poderiam competir com os de escolas pós-preparatórias, ele é incendiado. A mensagem é sempre: "Os preparatórios trabalham muito, têm um nível acadêmico melhor e os empregadores reconhecem isso. Isso sem dúvida seria moral. Mas, exceto nas melhores escolas, isso não é tão óbvio, como evidenciado pelos salários iniciais muito próximos. Os cargos de gestão das grandes empresas francesas são certamente acessíveis apenas aos graduados das escolas mais prestigiadas, mas as PME (pequenas e médias empresas) oferecem grandes oportunidades,

Os professores também às vezes se ressentem de observar esse sucesso tão pouco vinculado ao mérito acadêmico, em termos de esforço e resultados. Até porque tendem, a deformação profissional obriga, a fazer do mérito acadêmico a medida de tudo. Amargura acentuada pelo desprezo de alguns alunos pelas lições que lhes eram dadas. As competições estão de fato em programas muito distantes dos da classe final e o bacharelado é difícil de perder. Um idiota tão notório poderá, portanto, retornar um ano depois à cena de seu crime e explicar abertamente que está na faculdade de administração. Ele descreverá seu estágio em uma grande agência de consultoria em estratégia, captado por relacionamento, e seu perfil no LinkedIn especificará que agora é community manager, até sócio da empresa que mal terá criado com dois amigos.

Esse sentimento de injustiça aumenta quando comparamos as condições que aguardam os alunos nas escolas com as que prevalecem na universidade.

A queda de atratividade da universidade

Se mais da metade dos bacharelado geral vai para a universidade, essa proporção é muito menor no liceu François Quesnay, como em todos os liceus privilegiados. Nas aulas científicas, de 140 alunos, 45 vão para medicina, 40 para cursinhos, 35 para pós-bacharelado em engenharia ou administração. Adicione partidas no exterior e escolas de arquitetura e há apenas 5 a 10 alunos para escolher ir para uma licença ou IUT (Instituto Universitário de Tecnologia). Nas classes económicas, a distribuição é mais diversificada: prépas, Sciences Po, universidades estrangeiras acolhem cerca de 30 alunos, escolas de negócios pós-bacharelado cerca de 30, escolas de arte 10. Restam assim cerca de quinze alunos, que optam maioritariamente por Direito ou IUT. No total, apenas um em cada oito estudantes vai para a universidade,

Porque ? Meus alunos veem a universidade como uma selva na qual precisam se defender e se motivar. Os diplomas valorizados no mercado de trabalho seriam ali raros. O medo de um universo mal regulado, cujas regras do jogo são vagas e vão sendo descobertas aos poucos, o desconhecimento dos diplomas e dos empregos a que conduzem também desempenham um papel. Apenas os cursos jurídicos e seletivos, como as duplas habilitações, os atraem. Essas suposições são justificadas? Fui à procura de testemunhos para tentar perceber porque é que os alunos evitam a principal formação gratuita no ensino superior.

Os alunos do ensino médio de François Quesnay não são os únicos a abandonar a universidade. Os estudos após o bacharelado ocorrem cada vez menos na universidade e estagnam no IUT, enquanto os números triplicaram em treze anos nas escolas de negócios e dobraram nas escolas de engenharia. Segundo o INSEE, há dez anos, o crescimento do número de alunos vem de escolas de negócios (responsáveis por 33% do aumento), escolas paramédicas e sociais (27%) e escolas de engenharia (17%). As escolas particulares ficam com a maior parte.

Por outro lado, 32% dos bacharéis em 2013 matricularam-se na universidade no ano letivo seguinte, em comparação com 39% em 2000. A queda é especialmente clara entre os alunos com bacharelado geral, enquanto as matrículas na faculdade aumentam entre os bacharelado profissional , ainda despreparados para estudar lá . Esse desenvolvimento reforça a ideia de que matricular-se na universidade é uma escolha padrão. Daí uma queda nos resultados que não é para melhorar a reputação da instituição. Em 2012, apenas 43% dos 146 mil universitários do primeiro ano chegaram ao segundo ano e 28% desistiram. Esses resultados se devem, sem dúvida, à falta de fiscalização, mas sobretudo ao público recebido pelas universidades, que são os únicos cursos não seletivos do ensino superior.

Em média, os titulares de bacharelado profissional representam 5% dos alunos do primeiro ano e os titulares de bacharelado tecnológico 15%. Mas essas proporções são muito maiores nas universidades com os resultados mais baixos. Assim, os titulares de bacharelado tecnológico ou profissional representam 31% dos matriculados em Le Havre (27% das passagens no segundo ano)... e 60% dos matriculados em Paris-XIII (25% das passagens)! Apenas 5% dos titulares de bacharelado vocacional obtêm um diploma de bacharel, em comparação com quase metade dos titulares de bacharelado geral. Para os alunos a quem teoricamente se destina, a universidade não é, portanto, catastrófica, sobretudo se se tiver em conta o facto de não atrair os melhores diplomados, excepto em medicina ou na vertente selectiva. Mas os dados brutos divulgados ao público são assustadores.

Ademais, os meios das universidades, em particular humanos, são muito insuficientes. O gasto médio por aluno reflete essa carência. Está estimado em 10.770 euros na universidade, contra 13.740 euros na STS, 15.080 euros na aula preparatória e cerca de 17.000 euros na escola de negócios. Novamente, esta é uma média levando em consideração todos os níveis e todos os treinamentos. Os primeiros ciclos são muito menos bem dotados. Além disso, as universidades vêm oferecendo diplomas duplos há vários anos, combinando direito e economia, ciência e história, artes e ciências sociais ou ciência e economia. Seletivos, esses cursos altamente bem-sucedidos copiam certos métodos escolares: associações estudantis ativas, fins de semana de integração, alto número de horas de curso, parcerias internacionais.

Estando o Estado, apesar das boas palavras dos seus sucessivos ministros, a retirar-se financeiramente, nunca dará meios às universidades para que a maioria dos seus alunos tenham sucesso no primeiro ano da licenciatura, graças à organização da formação em pequenos grupos , sendo o Estado autista, as universidades públicas devem se comprometer a subcontratar o primeiro ano do bacharelado ao ensino superior privado e tributá-lo no repasse para financiar mais corretamente o L2 e o L3 [6].

Como consequência desta pobreza, as taxas de supervisão são insuficientes, especialmente no primeiro ciclo. Além dos estudos de idiomas, as aulas em pequenos grupos são geralmente limitadas a três ou quatro sessões de uma hora e meia por semana, com o restante das aulas sendo ministradas em grandes salas de aula nas quais é difícil manter o foco e impossível fazer uma pergunta. pergunta ou para voltar a uma passagem mal compreendida. Os tutoriais são, na maioria das vezes, ministrados por alunos avançados, inexperientes, focados mais na conclusão de suas teses do que em seus cursos e sem nenhuma formação pedagógica. A universidade também recruta professores do ensino médio, muito mais bem treinados, mas os salários são pouco atraentes e os cargos são poucos.

Algumas disciplinas são particularmente desprivilegiadas. No direito, os alunos têm aulas principalmente em anfiteatro. Segundo súmula do

Tribunal de Contas, "enquanto há em média um professor para 30 alunos nas demais disciplinas, essa relação cai para 1 para 55 na lei [7]". A taxa de supervisão é de aproximadamente 26 professores-pesquisadores para 1.000 alunos, enquanto a média, todas as disciplinas juntas, é de 36 para 1.000. A despesa por aluno também é particularmente baixa aí, observa o Tribunal. De fato, com 248 euros por ano e por aluno da Paris-Ouest-Nanterre-La Défense, por exemplo, os recursos da faculdade de direito são muito limitados.

A falta de recursos de secretariado faz com que os alunos, raramente informados da ausência dos professores, se desloquem desnecessariamente e fiquem em frente às salas ou salas de aula vazias antes de decidirem sair. Fora dos casos em que a tutoria foi realmente implementada, ninguém rastreia a educação de um aluno de graduação, que geralmente é anônima para a administração e a maioria dos professores. O choque é, portanto, violento para os alunos acostumados, no ensino médio, a um acompanhamento preciso (envio de SMS para a família em caso de ausência, discussões sobre orientações com o professor titular, professores frequentemente contatados por mensagens). Isso leva as faculdades a emitir regras contundentes, como "mais de três faltas e o aluno é declarado inadimplente", independentemente dos motivos.

É mais complicado conseguir um projetor de vídeo para lecionar na Sorbonne do que em um colégio do subúrbio; Eu experimentei isso. As universidades já nem sequer têm meios para acolher quem as procura.

São muitos os alunos que são rejeitados em cursos que ainda não são seletivos, e são obrigados a optar por outra universidade ou outro curso. Os responsáveis estão a tentar convencer os alunos a inscreverem-se no terminal control, ou seja, a renunciarem às aulas de pequenos grupos com controlo contínuo, de forma a reduzir o número de professores a pagar, que também são difíceis de encontrar.

Devido à falta de meios, dá-se preferência a palestras em auditórios. No momento em que estão disponíveis online, essa forma de ensino parece ultrapassada. Não permite que os alunos interajam, testem sua compreensão das coisas, discutam a pergunta feita. Até o contato físico, pelo olhar, pelos movimentos, pelas modulações da voz, que muito contribuem para manter a atenção do público, desaparece quando os números são muito grandes e o professor fica preso à sua mesa pela necessidade de falar em voz alta. um microfone fixo.

A universidade costuma ser chata. Os cursos não são concebidos para interessar os alunos, mas para formar futuros alunos de doutoramento que irão suceder aos professores em funções. No Le Monde, Pierre Alary, que leciona na universidade depois de ter trabalhado por três anos em uma escola de negócios, confirma isso: "A lógica de uma escola de negócios é diferente da de uma universidade. [...] Essas escolas particulares se preocupam com o feedback dos alunos, os cursos devem agradar, interessar. Mas a economia explicada por modelos matemáticos os aborrece e nada melhor do que esvaziar as salas de aula! Ouvimos o mesmo tipo de crítica na ciência ou nas línguas. Diante de um curso soporífico ou excessivamente teórico, tudo o que os alunos podem fazer é não comparecer, o que não traz consequências imediatas. Eu também tenho,

Estudantes universitários fazem estágios com muito menos frequência do que em outros lugares. Além disso, a instituição pouco faz para ajudá-los a encontrá-lo. Um aluno que conseguiu um estágio por meio de um relacionamento pessoal me disse que tinha sido muito difícil para ele descobrir como fazer para que o contrato de estágio fosse aprovado pela universidade. No entanto, o ano universitário geralmente termina no final de maio, o que deixa muito tempo para fazer um estágio, enquanto tira férias. A ausência de estágio é obviamente penalizadora na hora de encontrar um emprego, em termos de experiência e relacionamentos. É verdade que a entrada no mercado de trabalho tornou-se tão complicada na França que um estágio ou um emprego de verão agora são sinais externos de riqueza. Além dos cargos dos alunos das Grandes Escolas, posições interessantes são obtidas por meio de relações pessoais, o que obviamente favorece os alunos cujos pais estão bem colocados.

Inglês parcial em uma universidade na Ile-de-France. Várias centenas de estudantes de economia, administração e matemática aplicada lotam o anfiteatro. Os três professores responsáveis pela organização distribuem as disciplinas, que diferem consoante a formação seguida, e supervisionam a prova da melhor forma possível, dado que são muito poucos e não podem circular com facilidade nas esquadras. Ao final da prova, os candidatos fazem fila para devolver a prova. Um deles aborda o supervisor, que aponta para sua listagem e copia: "Merda! Você está em economia e recebeu a matéria destinada à matemática aplicada. Ele dá de ombros. " Bom. Encontraremos uma solução.»

A organização dos exames é muitas vezes deficiente na universidade. Esta é outra faceta da falta de recursos. Tendo ouvido reclamações de ex-alunos, estudei com atenção as matérias propostas no final do primeiro ano de economia, disciplina que conheço. Fiquei chocado com o que vi. Tanto na micro como na macroeconomia, nesta universidade [8], os exames assumem predominantemente a forma de questões de múltipla escolha (MCQs). Usado aparentemente recentemente, esse tipo de exame tem uma vantagem óbvia em termos de tempo de correção: leva em média de quinze a vinte minutos para corrigir uma dissertação, mas apenas trinta segundos para um MCQ. Os economistas colocam assim em prática a noção de ganho de produtividade do trabalho que eles ensinam!

Os MCQs possibilitam verificar a aquisição do conhecimento... e pronto: sem reflexão, sem escrita, sem síntese. Portanto, é possível avançar nos estudos de economia sem treinamento para escrever e construir o raciocínio. O domínio de ferramentas matemáticas também é muito difícil de avaliar com um MCQ: em uma questão de cálculo, um raciocínio bem conduzido concluído por um erro mínimo de cálculo será notado da mesma forma que uma incapacidade total de iniciar o exercício.

O grande problema dos MCQs é que sempre é possível ganhar pontos verificando as respostas aleatoriamente. Logicamente, um macaco digitando aleatoriamente em um teclado deve obter a média se tiver o escolha entre duas respostas e 5/20 se houver quatro opções possíveis. Obviamente, você sempre pode introduzir pontos negativos para penalizar erros, de acordo com o "belo" hábito francês que incentiva você a não responder por medo de errar. É o que esta universidade oferece, com a grande desvantagem de que o aluno que raciocina corretamente e erra estupidamente no cálculo final obterá menos pontos do que aquele que corajosamente não responde às questões difíceis.

No entanto, seria possível proceder de outra forma. A notação deve ser ajustada para levar em consideração o fato de que uma pessoa que responde aleatoriamente terá inevitavelmente algumas respostas corretas, oferecerá pelo menos quatro opções de resposta e fornecerá um grande número de perguntas (pelo menos cinquenta), a fim de limitar respostas acidentais respostas corretas. . No entanto, os MCQs desta universidade fazem apenas vinte perguntas e muitas vezes oferecem apenas duas ou três opções de resposta, uma das quais às vezes é tão grotesca que é necessariamente eliminada (e que o aluno tem a sensação de ser feito de bobo). Os tópicos geralmente contêm erros de ortografia ou erros devido a copiar/colar muito rapidamente. As declarações não especificam as suposições subjacentes ao raciocínio que deve ser feito (o que aumentaria o tamanho das declarações dez vezes,

Este estado de coisas pode facilmente dar aos alunos a sensação de que a avaliação é aleatória e sobretudo organizada a um custo menor.

O "apesar de nós": alunos por defeito e falsos alunos

Segundo pesquisa do Ministério, 38% dos alunos do primeiro ano teriam preferido outra orientação [9]. Esta proporção sobe para 52% entre os titulares de bacharelado tecnológico ou profissional, o que não é de estranhar. Frequentemente, estes últimos estão na universidade porque o seu fraco histórico acadêmico não lhes permitiu aceder ao STS. Mas como imaginar que os alunos considerados muito fracos para obter sucesso em uma formação docente muito concreta voltada para a integração profissional no nível bac + 2 tenham sucesso nas licenças universitárias? Principalmente porque chegam lá em péssimas condições psicológicas.

É verdade que todas as outras formações são, de uma forma ou de outra, seletivas. Os graduados rejeitados sempre podem encontrar um lugar para ficar na faculdade, mas sem realmente querer; e não é certo que tenham um nível educacional adequado. Em teoria, todos os graduados têm um nível suficiente, uma vez que a capacidade de acompanhar as aulas é sancionada pelo exame. Essa apresentação das coisas não reflete a realidade. A noção de bacharelado profissional também é um oxímoro: este diploma prepara para a integração profissional imediata, enquanto o bacharelado valida a possibilidade de seguir o ensino superior.

Em princípio, os estudos mais longos são os mais abstratos e frequentemente os mais difíceis. Mas os cursos de curta duração geralmente atraem alunos melhores do que os estudos universitários, devido à sua seletividade. Absurdamente, alunos bem organizados, independentes, capazes de fazer anotações com eficiência, encontram-se nos IUTs para se preparar para um bacharelado + 2, beneficiando-se de uma sólida supervisão (mais de vinte horas semanais em pequeno número), enquanto os alunos menos bem treinados devem tentar aproveitar as aulas teóricas e preparar uma sessão tutorial por conta própria a partir de uma lista de exercícios ou de uma bibliografia. De fato, bons alunos do ensino médio optam por um IUT. Eles vão para lá não tanto pelo DUT, mas para serem mais bem supervisionados do que na universidade e depois se preparam para um diploma ou admissão paralela em uma Grande Ecole. Sandrine, uma das minhas únicas alunas de origem modesta, me explica que depois do bacharelado (com louvor), ela foi para o IUT porque se sentia um pouco frágil para a preparação. Ela está encantada, trabalha muito e almeja uma admissão paralela na escola de negócios após o diploma.

Em suma, dado o público que acolhe, a universidade deveria ter muito mais recursos para os alunos do primeiro ano do que outros cursos e concentrá-los neste nível. Exatamente o oposto está acontecendo. Dano.

Em alguns casos, os primeiros anos da licenciatura são também parasitados por "falsos estudantes", jovens desempregados de origens modestas que se inscrevem na universidade para beneficiar de bolsas e proteção social. Este problema está concentrado nas universidades dos bairros populares, por exemplo em Paris-VIII-Saint-Denis e Paris-XIII-Villetaneuse na região de Paris, Lille-III ou Toulouse-Le Mirail. Uma reportagem do Le Monde descreve a situação em Perpignan [10] : entre um quarto e a metade dos trabalhos devolvidos durante os exames do primeiro ano estão em branco.

Embora não pretendam seguir os cursos, esses falsos alunos inscrevem-se, na maioria das vezes, em disciplinas que lhes parecem acessíveis, em sociologia, psicologia ou AES (administração econômica e social), e não em clássicas. , economia ou matemática. Portanto, eles são numerosos. Obrigados a comparecer às parciais, saem da sala o mais rápido possível, após terem assinado a folha de presença e devolvido uma cópia em branco. Às vezes, eles atrapalham o teste. Devem também frequentar as aulas tutoriais, porque a exclusão é automática após três faltas ao longo do semestre (que na verdade dura uma dezena de semanas). A sua atitude ajuda a desmobilizar os outros alunos e a irritar os professores: verificam os telemóveis, mantêm os auscultadores ligados, dormem em cima das mesas , etc. [11].

Não é um problema novo. Um amigo professor em Lille já havia descrito para mim na década de 1990. Mas cresceu desde então. A quase inexistência de RSA (rendimento activo solidário) para os menores de 25 anos e o elevado desemprego juvenil explicam esta situação, mas não a tornam mais tolerável. Alunos e professores sofrem com a situação, que pesa no clima dos cursos e nas taxas de sucesso. Isso também incentiva as universidades a limitar os recursos destinados aos alunos do primeiro ano, para reservá-los para alunos "reais". No entanto, os recém-chegados são os que mais precisam de apoio. Seria possível resolver o problema exigindo uma nota mínima para acessar o segundo semestre ou, pelo menos, repetir. A bem da verdade, o Estado parece aguentar uma situação que permite, a baixo custo, resolver o problema dos jovens sem emprego nem qualificação, retirando-os das estatísticas do desemprego a troco de protecção social e mínimos renda. Em detrimento da autoestima desses jovens e das condições de trabalho na universidade.

Considere por um momento a situação desses jovens. Por que se inscrevem em disciplinas relacionadas ao bacharelado em que foram aprovados, senão porque sua matrícula é parcialmente séria? Questionados pelos jornalistas, eles afirmam estar ali apenas pela bolsa, que não se interessam por essas

" estudos bufões " que não levam a nada, etc. Mas pode-se duvidar da sinceridade desse discurso cínico e distante e imaginar, ao contrário, que esses jovens se inscreveram na esperança de se interessar pelos cursos e obter resultados corretos. Confrontados com um ensino que não lhes fala, teriam, num segundo tempo apenas, desenvolvido este discurso defensivo, que evita questionar a sua capacidade de sucesso. Em suma, eles seriam menos aproveitadores do sistema do que vítimas de seu mau funcionamento.

Durante as discussões com alunos do ensino médio, a questão da identidade dos riachos surge com insistência. Os alunos veem muito bem o que é uma escola de gestão ou de engenharia e que tipo de profissão se abrem. BTS e DUT têm títulos específicos. Mas a que leva um diploma de bacharel em matemática ou economia? Os alunos não têm ideia e acham muito difícil descobrir. No máximo podem encontrar, olhando com atenção, os títulos de mestre para os quais prepara uma licença. Por outro lado, o treinamento para oportunidades (aparentemente) bem identificadas, como direito, atrai muitos alunos, apesar das altas taxas de reprovação.

Por falta de uma estratégia clara, os alunos muitas vezes escolhem um assunto que dominam bem e que gostaram no ensino médio. Mas não é a mesma coisa amar o inglês e estudar a língua e a civilização inglesas licenciosamente, sem imaginar muito qual pode ser o resultado. Isso é ainda mais verdadeiro em economia, onde o aluno do primeiro ano faz principalmente matemática aplicada, sem conexão com os cursos do último ano sobre crescimento ou desemprego.

Apesar dos esforços reais, as universidades ainda costumam construir modelos de diplomas de acordo com a formação de futuros alunos de doutorado e interesses locais ("um curso de licença deve ser criado para o Sr. Lefèvre"). A adaptação dos diplomas ao emprego é insuficiente e lenta, enquanto as necessidades do sistema económico mudam rapidamente. Assim, para atender à forte demanda por habilidades duplas (TI e gestão, engenharia e direito, etc.), currículos duais devem ser um ponto forte da universidade, que possui uma grande variedade de habilidades. Mas o retraimento de cada formação retarda seu desenvolvimento. Um amigo me explicou que não poderia montar o curso duplo que estava pensando porque o departamento jurídico se recusa a dispensar seus alunos, que são muito bons e poucos em número,

I ♥ *Universidade de Versalhes-Saint-Quentin-en-Yvelines*

A questão da identidade surge também pelo fato de a universidade não ter marca, com algumas exceções. No entanto, as marcas são essenciais para encontrar o caminho no maquis de treinamento. Por exemplo, é difícil dizer a que profissões conduz a Sciences Po Paris, dada a fragmentação, para não dizer a confusão, dos mestres ali disponíveis. Mas a Sciences Po é uma marca forte, que o Instituto também avança em detrimento da denominação oficial de Instituto de Estudos Políticos, não hesitando em intentar acções judiciais contra as universidades que inadvertidamente utilizam esta denominação registada.

As universidades tentam criar marcas, mas não são ajudadas por nomes como Bordeaux-IV ou Grenoble-II. Paris-X foi rebatizada de Paris-Ouest-Nanterre-La Défense para associar seu nome ao do distrito comercial (onde certos cursos são ministrados) e para substituir Paris-Ouest por Nanterre, sinônimo de muitos alunos do ensino médio. , um viveiro de esquerdismo internacional e um subúrbio desprivilegiado e vagamente perturbador. Obviamente, há um longo caminho entre essa imagem e a realidade do recrutamento bastante burguês em Nanterre, especialmente em direito e economia, mas o poder da imagem prevalece. No entanto, o compromisso escolhido é muito confuso para melhorar as coisas.

Mesmo quando a universidade goza de um nome de

prestígio, nem sempre o administra bem. A Sorbonne oferece um exemplo espetacular. Conhecida em todo o mundo, a marca "Sorbonne" é usada por três universidades diferentes, o que não incentiva seu uso ou identificação. Avaliada em cerca de mil milhões de euros pela Agência Estatal do Património Imaterial, foi parcialmente vendida à Universidade Paris-Sorbonne-Abou Dhabi. Nascida em 2006 de um acordo entre Paris-IV e o governo de Abu Dhabi, detém o monopólio da denominação Sorbonne no Oriente Próximo e Médio. Na realidade, Paris-IV avançou um pouco, já que o nome pertence legalmente à chancelaria das universidades de Paris. Mas quando Paris-I tentou estabelecer projetos com Qatar e Bahrein, estes foram bloqueados no mais alto nível do Estado, por razões diplomáticas: impossível pôr em causa o acordo concluído sem ofender os líderes de Abu Dhabi. No entanto, alguns dirigentes se comoveram com o risco de manchar a imagem da Sorbonne em uma "universidade das areias" que tem poucos alunos e professores permanentes. Finalmente, os benefícios financeiros do acordo são muito limitados, ao contrário do Louvre Abu Dhabi (a marca "Louvre" foi vendida por trinta anos e 400 milhões de euros).

Resta a questão da seleção. A massificação do ensino secundário leva a uma concorrência desenfreada no ensino superior. Cerca de 80% de uma faixa etária podem se tornar estudantes, contra 30% trinta anos atrás. A concorrência desenvolve-se num contexto confuso, marcado tanto por uma rápida subida do nível de qualificação dos jovens como por uma fraca criação de empregos qualificados. Esses movimentos contrários baixam o valor dos diplomas. Para alcançar a mesma posição social de seus pais, é preciso estar munido de um diploma muito superior. Tanto as crianças como os pais estão cientes disso, até porque o marketing das empresas de apoio e educação insiste na dificuldade dos exames e concursos, enquanto os meios de comunicação falam descuidadamente do desemprego juvenil. [12], que, no entanto, afeta muito menos os graduados do ensino superior do que os outros. Esta competição alimenta uma incerteza estressante para os jovens, bem como para seus pais. Fora os alunos muito bons, que seguem a estrada real que conduz às Grandes Escolas, hoje como ontem, o risco de rebaixamento é real. Mesmo com uma boa situação, os pais costumam ser assalariados. Podem dar apoio financeiro, intelectual e emocional aos filhos, mas não podem dar-lhes emprego. Eles, portanto, não têm certeza de que seus filhos terão um sucesso tão bom ou melhor do que eles sem um diploma muito bom.

O medo do rebaixamento atinge as classes média e média alta, dos engenheiros de produção aos professores, dos técnicos aos capatazes, das enfermeiras às secretárias, dos bancários aos maquinistas. O sociólogo Louis Chauvel mostrou [13] que a falha do elevador social era permanente. A geração de 25-35 anos luta para alcançar os cargos profissionais dos anos 50, ou seja, a geração de seus pais.

O desafio é, portanto, diferenciar-se dos demais, de acordo com o que os economistas chamam de "teoria dos sinais". O mais óbvio é seguir um caminho seletivo, o que indicará um certo nível de habilidade. Do elite permanecem para alunos muito bons. Mas para os outros, todos aqueles que têm certas habilitações académicas, mas não vão para uma escola preparatória, Politécnica e ENA? Os fluxos seletivos existem em todos os níveis e são tomados de assalto quando parecem garantir o acesso ao emprego.

O único setor não seletivo é a universidade, negligenciada por isso, exceto para se mostrar seletiva: 20% dos detentores de um bacharelado S estão experimentando medicina, contra 12% há quinze anos. A Universidade Tecnológica de Compiègne ou Paris-Dauphine não tem problemas para recrutar, nem para licenças duplas. Em direito, florescem iniciativas para criar uma formação seletiva semelhante às Grandes Écoles: Paris-II-Assas apresenta seu mestrado em direito empresarial como "uma Grande École dentro da universidade". As propinas lá são muito altas (15.000 euros por ano)... e os salários iniciais são estratosféricos. Toulouse-I prepara uma Escola Europeia de Direito e evoca a possibilidade de pagar diplomas universitários (DU). Mas esses cursos oferecem apenas um número extremamente limitado de vagas,

Capítulo 5 Notas

1. Peter BOURDIEU, "Capital social, notas provisórias", Proceedings of social science research, no. 31 de novembro de 1980.

2. http//Etudiinfo.com, 13 de janeiro de 2014.

3. Muriel DARMON, Aulas *preparatórias. A formação de uma juventude dominante*, Discovery, Paris, 2013, p. 248.

4. Michael PINCON e Monique P.INCON-VSHARLOT, Sociologia da burguesia, La Découverte, Paris, 2007 (3e ed.), p. 86.

5. Peter DUBOIS, "Licença: o cinismo do SUP privado", no blog Histoires d'universités, 2014, https://histoiresduniversites.wordpress.com.

6. VSOUR CONTAS, Setor e *local de treinamento*, junho de 2012. Para comparação, essa proporção é de cerca de um professor para cada onze alunos em uma escola secundária.

7. Este é o Oeste de Paris. Tendo publicado um post sobre esse tema, recebi várias reações de acadêmicos dizendo que não era assim em sua universidade.

8. "Novos licenciados matriculados no início do ano letivo de 2011", Nota Informativa, n^{oh} 12.07,

Ministério do Ensino Superior, julho de 2012.

9. Pascale KREMER, "A universidade enfrenta um influxo de "falsos" bolsistas", Le Monde, 27 de maio de 2013.

10. Comentários ouvidos sobre Paris-XIII, corroborados pela pesquisa do Le Monde (ibid.).

11. Com a taxa de desemprego juvenil em 24%, ouve-se frequentemente os apresentadores afirmarem que 24% dos jovens estão desempregados, o que obviamente não é verdade. Na realidade, 7,5% de todos os jovens de 16 a 24 anos (e não apenas a população ativa) estão desempregados.

12. "As novas gerações confrontadas com o prolongado fracasso do elevador social", Revue de l'OFCE, n^{oh} 96, janeiro de 2006, p. 35-50.

6

O grande salto das escolas particulares

"A inscrição no Cours Molière pressupõe a aceitação sem reservas dos regulamentos internos da escola: vestuário adequado obrigatório (jogging e boné proibidos), [...] uso de laptop/Ipod/mp3... formalmente proibido [1]. »

I I Vinte anos atrás, fui chamado pelo meu diretor, que havia acabado de chegar de uma grande escola secundária em Rennes. Eu havia pedido uma autorização cumulativa para dar algumas horas de aulas em uma preparação particular, geralmente concedida sem problemas. "Não posso assinar isso para você", ele me disse. De onde eu venho, o setor privado rouba nossos melhores professores e nossos melhores alunos. Eu lutei contra isso toda a minha carreira. Então não posso aceitar que você vá para o privado. É contra meus princípios. Fiquei surpreso porque, fora da Bretanha, o conflito ideológico entre a escola da República e a dos padres parece pertencer ao passado. Os estabelecimentos privados contratados foram desde então integrados no serviço público de ensino. Mas o conflito entre privado e público reaparece sob outra forma,

Os estabelecimentos privados têm cada vez mais alunos, desde o jardim-de-infância ao ensino superior. Eles monopolizam hoje os primeiros lugares nas paradas das faculdades e colégios. Eles disputam a supremacia das grandes escolas de ensino médio na escola preparatória. Caminhamos para uma escola a duas velocidades, identificando a excelência com a escola paga? Este risco é tanto maior quanto, a par do setor privado sem fins lucrativos, se afirma um setor comercial privado, com forte presença na preparação de concursos e formação profissional. Exceto por algumas escolas grandes, sem fins lucrativos, mas caras, é essa privacidade comercial que representa a maior ameaça de discriminação financeira.

Do jardim de infância

O jardim de infância é uma daquelas coisas que o mundo inteiro deveria invejar. Seja como for, é certo que a escolarização precoce promove a aprendizagem. Reduz as desigualdades diante da escola, todos os estudos mostram isso. Aliás, também resolve certos problemas de puericultura. É por isso que, ainda que a escolaridade não seja obrigatória antes dos seis anos, o Estado assegura, há vinte anos, que todas as crianças de três anos frequentem o jardim-de-infância.

No entanto, em muitos municípios, uma surpresa desagradável o espera se você tentar matricular seu filho de dois anos. A escolaridade de dois anos de fato entrou em colapso, caindo de 35% em 2000 para 11% no início do ano letivo de 2012. O que aconteceu? O número de crianças de dois a cinco anos aumentou rapidamente nos anos 2000. Aulas adicionais teriam que ser abertas para acomodar mais 350.000 crianças, um aumento de

10%. Este esforço não foi feito. Como o governo está empenhado em acolher todas as crianças de três anos, é a escolaridade aos dois anos que está a diminuir, de forma a libertar vagas para os mais velhos. Até 2005, a população escolar aumentou insuficientemente. Posteriormente, o esforço foi interrompido e o número de crianças que frequentavam o jardim de infância caiu.

A esta escassez somam-se enormes desigualdades na distribuição dos recursos. Assim, 49% das crianças de dois anos têm vaga no jardim de infância em Lozère, mas apenas... 5% em Seine-Saint-Denis, segundo um relatório do Tribunal de Contas. Uma criança em vinte! Onde essa escolarização seria mais necessária, porque as famílias muitas vezes são carentes, material e culturalmente, é o menos desenvolvido. Podemos ler aí a fraca capacidade dos mais pobres para influenciar as escolhas públicas, mas também um desequilíbrio entre a cidade e o campo. Na França, o gasto por criança é muito maior nas áreas rurais. Com efeito, é politicamente difícil encerrar aulas ou escolas em zonas rurais despovoadas, sob pena de impor longas distâncias de transporte a escolares ou universitários.

Como esperado, esse aperto fiscal leva as famílias a recorrerem ao setor privado. Enquanto 11% das crianças de três anos agora vão para o setor privado, como há dez anos, a parcela privada da escolaridade de dois anos passou de 18% para 24%. Para as famílias, isso representa uma despesa adicional. Ao mesmo tempo, devemos enfatizar o papel positivo das escolas particulares, que atendem a uma necessidade real, que não é mais devidamente atendida pelas escolas públicas. Aliás, note-se que a poupança orçamental que o Estado espera conseguir com a redução da sua oferta é em parte ilusória, uma vez que a maior parte dos custos das escolas privadas, nomeadamente a remuneração dos professores, recaem sobre ele.

Na faculdade, o setor privado está avançando muito pouco. Um em cada cinco alunos estudou lá em 2013, o que representa 690,5 mil alunos, um pequeno aumento desde 2000. No ensino médio, o setor privado aumentou de 20% para 22% no mesmo período, um aumento significativo. Os estabelecimentos privados concentram-se em algumas regiões: educam mais de um terço dos alunos em Paris e mais da metade em Vendée. Geralmente são crianças de origens privilegiadas: 36% dos alunos particulares na faculdade e 46% no ensino médio têm pais que são executivos, líderes empresariais ou professores. Sem surpresa, notamos que a oferta privada está mais concentrada nas séries S e ES, as mais procuradas, do que nas séries L ou STMG (ciências e tecnologias de gestão e gestão). No setor privado, o latim é estudado com mais frequência do que no setor público.

A dinâmica dos estabelecimentos privados assenta nos bons resultados dos seus alunos, o que não é novidade. Sempre houve uma tradição de excelência em certas escolas secundárias denominacionais particulares. Mas o fato de que esses estabelecimentos dominam de forma esmagadora os rankings é intrigante. Das 50 faculdades com mais graduados, 48 são particulares. Os valorosos estabelecimentos públicos que persistem na lista são dois colégios com vocação internacional em Yvelines, o colégio franco-alemão de Buc e o colégio internacional de Saint-Germain-en-Laye. Das 156 escolas de ensino médio com 100% de bac pass em 2013, 143 são escolas particulares de ensino médio. E não ficam de fora pelo que o ministério chama de valor agregado,

Estes estabelecimentos privados de excelência

estão, na sua quase totalidade, sob contrato de associação com o Estado: integrados no serviço público de ensino, são obrigados a respeitar os programas e horários nacionais; em troca, os salários dos professores são pagos pelo Estado, o que torna a escolaridade acessível. Os estabelecimentos não contratuais, que são muito poucos, pois matriculam algumas dezenas de milhares de alunos, destinam-se, na maioria das vezes, a alunos que se sentem incomodados com o ensino tradicional ou que dele são excluídos devido ao baixo nível dos seus resultados.

No entanto, estão chegando ao mercado escolas privadas de ensino médio fora do contrato que almejam a excelência. Hoje marginais, eles poderiam prosperar, pelo menos no nível terminal, por causa da evolução das estruturas e programas nacionais, mal adaptados ao ensino superior. Por exemplo, após uma série de mudanças conflitantes, os horários da série S de História e Geografia foram reduzidos. A especialidade matemática da série ES já não constitui um verdadeiro aprofundamento. Os alunos, portanto, abordam o ensino superior com lacunas. Estas carências convidam à constituição de um terminal que conjuga matemática, economia e humanidades, o que corresponde a muitos cursos superiores e não existe nos atuais liceus.

Por que os executivos aceitam colocar os filhos em faculdade particular, inclusive com recrutamento popular? Porque eles têm a sensação de que seu filho estará seguro ali, que sua personalidade será levada em consideração e que seu progresso não será prejudicado. Uma pesquisa confirma isso: quer os pais conheçam pessoalmente o ensino privado ou não, as primeiras qualidades que eles reconhecem nele são o acompanhamento dos alunos e a qualidade do ensino, seguidas da menor falta de professores e do número reduzido de alunos por turma . O sucesso no exame e o nível do aluno vêm muito mais abaixo na lista.

É surpreendente que a qualidade da educação oferecida seja tão frequentemente apresentada. Com efeito, os professores destas escolas são recrutados pelos mesmos concursos que os do público... mas são menos frequentemente certificados e três vezes menos frequentemente agregados. Seu nível acadêmico é, portanto, inferior. Além disso, é quase tão difícil para uma instituição privada quanto para uma instituição pública livrar-se de um professor que não dá satisfação. Perguntamo-nos, pois, sobre que critérios é feita esta avaliação por parte dos pais. A princípio, parece refletir uma impressão subjetiva. Na realidade, a força do setor privado é beneficiar de um maior número de pessoal não docente,

permitindo um acompanhamento mais preciso dos alunos, para poder selecionar os seus alunos, de forma a eliminar aqueles cujo nível obviamente não está adaptado, mas sobretudo para poder excluir os desordeiros.

Os estabelecimentos públicos têm muito mais dificuldade em punir ou excluir pessoas perturbadoras. As reitorias instruem sistematicamente as escolas secundárias a evitar os conselhos disciplinares. É certo que a exclusão – sempre seguida de escolarização em outro estabelecimento, lembremo-nos – é uma forte sanção, mas chama a atenção o fato de que os interesses dos demais alunos quase nunca são levados em consideração. Sob essa pressão de sua hierarquia, alguns diretores se opõem a professores que afirmam poder trabalhar e gozar de certa autoridade. Assim, vi um diretor objetar à exclusão de um aluno que prendeu um de seus colegas a um cabideiro e, em outra ocasião, jogou uma cadeira para o outro lado da classe, que caiu na parede logo acima da cabeça de um colega. A diretora considerou mais pertinente inscrever os professores da turma num curso de dois dias sobre "a gestão de alunos violentos". Você não pode imaginar tal atitude no setor privado.

Uma pesquisa de 2011 mostrou que os maiores motivos de preocupação dos pais em relação aos filhos envolviam fortemente a escola: eram extorsão, agressividade e brincadeiras perigosas (jogo do lenço na cabeça, etc.) [2]. Notamos também a importância dada à transmissão dos valores tradicionais, ponto forte da escola particular para um terço dos que nela confiam seus filhos. No ensino médio, o pedido dos pais, portanto, diz respeito, antes de mais nada, ao cuidado e à consideração de seu filho. Seu bem-estar, sua educação, sua segurança, a atenção dada à sua personalidade precedem a performance, especialmente para crianças pequenas. Claramente, há uma dúvida crescente sobre a capacidade dos estabelecimentos públicos de responder a essas demandas.

À medida que os alunos envelhecem, a instrução supera a educação. Os estabelecimentos privados estão muito atentos aos seus resultados; às vezes demais, como mostra a seguinte anedota. Fiquei intrigado um dia, num júri de bacharelato a que presidi [3], pelo facto de vários candidatos livres terem obtido uma menção "boa". No entanto, os candidatos independentes são geralmente alunos que foram reprovados várias vezes no exame e têm um nível muito baixo. Consultei, portanto, os arquivos desses candidatos e constatei que todos vinham de uma instituição de prestígio, a Maison d'éducation de la Légion d'honneur, que preferiu não apresentá-los em seu nome para não arriscar o desapontamento de teste inferior que pode ter descolorido sua posição. A história é antiga e as práticas potenciais mudaram nesta fundação. No entanto, várias escolas secundárias confidenciais fazem isso; que relativiza os resultados esplêndidos mencionados anteriormente.

Santuários de grandeza da escola conservadora, as classes preliminares para as Grandes Écoles sempre foram privilégio das enormes escolas secundárias públicas, particularmente em Paris. Essa incomparabilidade está atualmente sendo subvertida. A partir do posicionamento distribuído pelo L'étudiant, concentrei-me na síntese das dez melhores classes preliminares em cada uma das seis áreas que motivaram as disputas significativas em 20156. Les prépas publiques dominent reprise : elles représentent entre sept et neuf des dix meilleures prépas littéraires, sept des dix meilleures prépas scientifiques, entre deux et quatre des meilleures prépas commerciales. Mais le privé sous contrat lié com certas ordens religiosas est en hausse. Lui aussi bénéficie d'une longue custom d'excellence et il proposto souvent des conditions d'encadrement, além de atenciosos à cada élève que les grands lycées parisiens. Le lycée Sainte-Geneviève fête ainsi child centenaire avec une première place en prépa scientifique.

Demanda cria oferta

No ensino superior, a evolução é ainda mais nítida. 80% do aumento do número de alunos nos últimos dez anos está atrelado à formação privada [4]. Estes já matriculam 18% dos alunos, ante 13% em 1990. Em ciências, entre 2004 e 2012, o número de alunos caiu na universidade fora da medicina e aumentou 40% nas faculdades de medicina. engenheiros não universitários e, em particular, 45% no setor privado. As fragilidades da universidade (ver capítulo anterior) também abrem perspectivas de desenvolvimento para o setor privado. Assim, o curso privado de Clapeyron assinou um acordo com Paris-Ouest em julho de 2014 permitindo que seus alunos fossem admitidos diretamente no segundo ano de economia-gestão nesta universidade. A realização destes cursos em pequeno grupo custa 4.880 euros por ano [5].

Escolas particulares prosperam onde há demanda. Isto é alimentado por duas motivações distintas: o acesso ao emprego e os gostos dos jovens.

Como ilustrar melhor a atratividade do emprego do que o caso dos cuidadores? Essa profissão é relativamente pouco qualificada, pois não é necessário ter o bacharelado para exercê-la. Ela é mal remunerada: segundo o INSEE, apenas um quarto dos cuidadores ganha mais de 1.500 euros por mês, e a proporção de contratos precários é alta. É penoso: o trabalho consiste em ajudar os doentes a lavar-se, movimentá-los, trazer-lhes as refeições, vigiar o seu estado de saúde, sob a alçada dos enfermeiros. O recrutamento é feito entre titulares de diploma do Estado, o que não é muito fácil, dado o nível de formação inicial dos candidatos. No entanto, as quatrocentas escolas que preparam este diploma são caras (entre 2.000 euros e 5.000 euros por seis a dez meses) e estão cheias. A razão ? Uma taxa de desemprego inferior a 3% para esta profissão considerada "sob pressão" pelo inquérito anual às necessidades de mão-de-obra, pelo que se receia uma escassez em 2015.

O acesso ao emprego vale ouro numa sociedade sufocada pelo desemprego. As mensalidades irracionais que as famílias de baixa renda estão dispostas a pagar são proporcionais à sua preocupação com o futuro de seus filhos.

A situação é mais ou menos a mesma para os auxiliares de puericultura, com o atrativo adicional de uma profissão voltada para crianças. As escolas particulares estão se multiplicando para se preparar para competições em todas as profissões paramédicas, garantir empregos com boa imagem, se não bem pagos.

O desenvolvimento do STS privado está inscrito na mesma lógica de formações profissionais que não acessam os funcionários. Mais elles bénéficient d'une concurrence faussée avec leurs homólogos públicos, ce qui compense en quelque sorte leur coût élevé (autor de 4 000 euros par an pour un BTS informatique, por exemplo). Com efeito, as cotas introduzidas em 2014 pelo ministério nos STS publiques em favor dos bacharéis profissionais e tecnológicos são cartent les bacheliers généraux, que, portanto, são os melhores elementos dessas classes. Não se preocupando com essas cotas, os STS privées recuperam esses bons alunos e obtêm bons resultados.

A longa tradição destes estabelecimentos, públicos e privados, torna particularmente assinalável a irrupção, neste clube tão fechado, de estabelecimentos privados sem contrato. Criados recentemente, estes estabelecimentos são penalizados com propinas muito mais caras (cerca de 8.000 a 9.000 euros por ano) do que os colégios privados contratados. No entanto, eles conseguiram encontrar um lugar ao sol, já que o IPESUP é, de longe, a melhor preparação econômica e comercial da França. Nesta área, a preparação com fins lucrativos agora domina os rankings e não seria surpreendente se este desenvolvimento

estende ; especialmente porque os cursos preparatórios mais avançados e caros costumam ter números pequenos, o que os exclui dos rankings, que eles dominarão quando tiverem ampliado seus números.

Refira-se que o peso do setor privado nos vários setores é proporcional à rentabilidade dos diplomas em termos de vencimento inicial. Mas a especificidade das preparações económicas e comerciais advém também do facto de conduzirem a escolas pagas. A cultura deste setor, portanto, há muito é compatível com altas mensalidades.

Como os preparativos privados sem contrato conseguem convencer os pais a pagar quando há uma boa oferta gratuita? Por que alunos excelentes pagariam quando têm uma chance muito boa de entrar em uma boa escola por meio da melhor preparação gratuita? A resposta é simples: é preciso estar na vanguarda, lugar que o IPESUP conquistou na preparação económica e comercial. Para isso, sabendo que não são as boas escolas que fazem bons alunos, mas o contrário, o IPESUP prospetou sistematicamente. Até 1995, a preparação comercial durava um ano. Muitos alunos estavam repetindo este ano depois de serem elegíveis e reprovados no oral. Tinham assim muito boas hipóteses, com mais um ano e forte da sua experiência, de integrarem as melhores escolas um ano depois.

Cap Ensino Superior não procedeu de outra forma para passar da tutoria à organização de um ano preparatório. Em 2013, a empresa lançou o Cap Cube, preparação específica para repetidores de segundo ano (o

" cubos "). A fórmula baseia-se na combinação de aulas nas instalações da escola, em número reduzido devido às condições exíguas, e aulas em casa, uma fórmula muito bem controlada que permite jogar com as vantagens fiscais e angariar alunos na escola. , significativamente mais barato do que os professores titulares. Por escolher bem seus alunos, o Cap Cube obteve excelentes resultados desde sua primeira promoção, o que lhe confere credibilidade permitindo pensar em sua expansão.

Outra estratégia mise en place les prépas privées padrão, mas qui parece être parfois utilisée aussi certos prépas publiques padrão (!) : le recrutement d'étudiants d'une autre filière que celle prévue les textes officiels padrão. Depuis des années, surees prépas réservées aux bacheliers ES ou STIDD (sciences et innovations de l'industrie) accueillent (ilegalement) des bacheliers S. Pour maquiller cette entorse aux règlements, surees prépas privées textual style repasser un

bac ES para seus alunos de finanças de S, o que apresenta poucos problemas para eles, após um período de preparação e tendo apenas os testes de matemática, finanças e sociologia para imprimir. Essa forma de não jogar o jogo impede que as ações do Estado reequilibrem as áreas e mudem os retratos. Esses planos petulantes, mesmo claramente ilegais, são uma representação decente do que acontece com uma estrutura que abre áreas de força para atrair grandes e dissolvíveis substitutos.

Escolas vocacionais

As principais escolas privadas de negócios e engenharia também estão crescendo fortemente. O problema para essas empresas é a forte concorrência de escolas públicas ou associativas de alto desempenho. Eles, portanto, tentam acompanhar as novas demandas dos empregadores ou compensar seu alto custo com menos seletividade. Seu progresso às vezes é deslumbrante: um em cada três estudantes de engenharia está agora em uma escola particular, apesar de as escolas públicas serem quase gratuitas.

Ao contrário dos prépas e liceus, as instituições privadas de ensino superior geralmente recrutam seus funcionários fora do estado. O seu estatuto jurídico é diversificado: associações, empresas (muitas vezes integradas em grupos), estruturas filiadas em câmaras de comércio. Eles são frequentemente com fins lucrativos. São financiados apenas pelas propinas, mas também podem beneficiar da atribuição do imposto de aprendizagem às escolas. Eles, portanto, têm um interesse particular em cultivar boas relações com as empresas.

Estas escolas particulares oferecem formação profissional, que dá bom acesso ao emprego ou que corresponde aos sonhos dos adolescentes (piloto, veterinário, designer de videojogos, estilista, etc.). A formação em informática, por exemplo, está centrada na Internet, porque a formação pública tradicional ficou para trás na identificação de necessidades e porque os empregos na Internet atraem os jovens.

Várias escolas de negócios focam no luxo, o que permitirá que jovens de origens muito abastadas aprimorem seu conhecimento pessoal sobre o assunto, sua rede social e sua excelente apresentação.

Ao criar uma escola de informática com seu próprio dinheiro, o patrão da Free, Xavier Niel, mostrou claramente que as necessidades de sua empresa não eram atendidas pela oferta existente. Obviamente, os professores de informática nas universidades sabem que é preciso formar web designers, arquitetos de negócios,

para smartphones , especialistas em segurança de TI, etc. Mas os cursos universitários geralmente demoram a se adaptar.

A lei ilustra bem a capacidade das escolas particulares de investir em áreas em que se percebe carência. Com a medicina, é o único setor profissional de prestígio em que não há escola superior. Mas, nos últimos anos, surgiram iniciativas de todos os tipos para remediar isso. A HEAD (Escola de Estudos Avançados em Direito Aplicado) mobiliza professores do Paris-I e profissionais a serviço do ensino multidisciplinar. Por 12.800 euros por ano, esta escola oferece cursos de mestrado em francês e inglês. Ele também oferece um LLM (diploma anglo-saxão, equivalente a direito MBA). Aguarda reconhecimento oficial que provavelmente levará alguns anos. A Science Po Paris também criou uma faculdade de direito, no segundo e terceiro ciclos. As principais escolas de negócios também oferecem mestrado em direito empresarial. Essas iniciativas constituem o embrião de grandes faculdades de direito que virão, que, a nosso ver, serão muito caras, sejam elas públicas ou privadas. A diferença entre os dois também é difícil de perceber.

Não se trata, pois, de negar a utilidade e eficácia das escolas privadas, mas de lamentar que as formações que melhor se adaptam ao mercado de trabalho sejam tão dispendiosas para as famílias.

O desenvolvimento também é muito forte nas aplicações da computação para a educação. O poder público canaliza a inovação, sob o risco de sufocá-la. A incapacidade do Ministério da Educação Nacional de introduzir, até agora, o computador na sala de aula abriu, pelo contrário, uma via à iniciativa privada. No entanto, a França tem ativos para se destacar nessa área: uma brilhante indústria de software, videogames e serviços de informática, financiamento público para educação continuada, envolvimento de atores públicos como o Banco de Investimento Público (BPI) ou a universidade digital da França (FUN).

A convergência entre educação e TI está acontecendo rapidamente para criar uma oferta diversificada e inovadora de treinamento online. Um ecossistema de e-learning e tecnologias educacionais, o "EdTechs", parece estar nascendo na França, simbolizado pela expressão "French Touch Education" por analogia com o único movimento musical francês que conseguiu exportar das Ilhas Maurício. Cavaleiro ou quase. A conferência organizada pela LearnAssembly em dezembro de 2014 foi uma boa ilustração dessa convergência:

palestrantes vieram de grandes escolas (ESSEC, SKEMA [Escola de Economia e Gestão do Conhecimento], etc.), start-ups que oferecem treinamento online (Openclassrooms, 360 Learning, etc.), certificação (Cocertify, ProctorU), cursos de suporte (Acadomia) , jogos educativos (Magic Makers), aplicativos educativos para smartphones e tablets (Myblee, EduPad, etc.), mas também instituições (BPI, FUN, etc.), TI (Microsoft, Codewire, etc.) ou recrutamento (Link Humans) . Surpreendentemente, os editores escolares estavam ausentes.

As empresas EdTech originalmente visavam o mercado corporativo de educação continuada, que tem o mérito de ser real e solvente. Mas eles rapidamente se interessaram por jogos educativos, que startups francesas conseguem exportar para os Estados Unidos. Ainda falta um elo essencial para investir na escola: o equipamento geral dos alunos em computadores ou tablets.

Venderam parte das suas casas de repouso em boas condições financeiras e reinvestiram o capital na aquisição de escolas de informática, com base na ideia de que as suas competências na construção e gestão de estabelecimentos de acolhimento de público poderiam ser efectivamente aplicadas ao ensino. Com o objetivo de estar presente em todas as grandes cidades para construir uma marca, recorreram a um fundo de investimento para financiar o seu desenvolvimento.

Não se deve imaginar que a TI fique fora dos alicerces. Minha escola secundária, por exemplo, tem uma armada de 450 PCs, para 1.800 alunos de diferentes níveis. Dessa forma, é possível construir agrupamentos educativos utilizando PCs, desde que uma sala específica seja mantida e que o tempo possa ser aberto em programas que geralmente são abrangentes. No entanto, é uma diferença completamente única mudar para a computação individualizada. Eu capacito meus alunos do primeiro e único ano a fazer anotações em um meio avançado (PC, tablet, telefone com console externo), mas quase a metade aproveita esta porta aberta, tanto porque eles não podem fazer na maioria cursos - na verdade, as diretrizes internas até proíbem sua utilização - e com o argumento de que ter material de leitura computadorizado em todos os formatos seria extremamente confuso. Embora algumas fundações confidenciais tenham apostado tudo, equipando alunos com uma máquina empilhada com todos os livros didáticos no início do ano, parece difícil ganhar terreno por aqui sem a ajuda de especialistas locais ou do Estado. . Isso poderia ser feito rapidamente, alterando os graus significativos dos planos de gastos e realocando totalmente os cartões.

De onde vem o dinheiro?

Cada vez mais, ao direcionar alunos do ensino médio para o ensino superior, os fóruns de professores, como os de alunos, fervilham de perguntas pontuadas por siglas: "Quanto vale o ESIA? », « Quem já ouviu falar do CSFMG? », « É melhor ir para GEM ou ESC Rennes? » Acabou-se o tempo em que a orientação era escolher entre cursinhos e universidades. Mas de onde vêm essas escolas particulares, que não existiam há dez ou vinte anos? Como eles poderiam surgir tão rapidamente?

Surpreendentemente, o dinheiro para essas escolas particulares vem primeiro de fundos de investimento. A educação parece ser o novo Eldorado do private equity, aqueles fundos de investimento de alto nível que investiram em clínicas e lares de idosos. O grupo Auvence de Bordeaux também vendeu parte de suas casas de repouso para comprar escolas de informática e design. Isso é surpreendente porque, apesar do aumento dos preços, parece difícil gerar margens de lucro significativas no ensino superior. O facto de, apesar do seu prestígio, as escolas consulares como a HEC só conseguirem alcançar o equilíbrio financeiro com a contribuição das câmaras de comércio, atesta a dificuldade em obter uma elevada rentabilidade do ensino. Mas talvez o prestígio esteja ligado a uma qualidade de serviço cara?

Um estudo mais aprofundado do grupo Auvence permite entender melhor a origem dos recursos e a lógica dos investidores. A Auvence foi fundada em

2006 na região de Bordeaux por dois ex- judocas de alto nível que se tornaram corretores de imóveis. Eles compraram lares de idosos medicalizados que precisavam de reabilitação e depois, de especialistas em construção, tornaram-se gerentes desses estabelecimentos. Possuindo cerca de quinze estabelecimentos, afirmavam querer adquirir até cinquenta. No entanto, perceberam que não conseguiriam atingir o tamanho crítico diante de gigantes que chegavam a chegar a quase duzentos estabelecimentos. Em 2010, decidiram, portanto, retirar-se do setor.

A 123venture é uma empresa de capital de risco, que oferece investimentos de alto rendimento ou que evitam impostos para indivíduos ricos. Os fundos criados por essa empresa compram e revendem, em ritmo bastante constante, participações em empresas não listadas em bolsa. Eles também emprestam dinheiro às empresas comprando títulos, possivelmente conversíveis em ações, que essas empresas emitem para financiar seu desenvolvimento. Interessado em pequenas empresas, que são inerentemente frágeis, o fundo assume riscos significativos. Isso pode ser recompensado com altos retornos, pois as pequenas empresas têm alto potencial de crescimento. No entanto, o principal motivo dos investimentos operados pelo empreendimento 123 é a atratividade fiscal. [7] . As contas da 123venture mostram que a rentabilidade de seus fundos não tem sido muito forte nos últimos anos. Muitos fundos perdem dinheiro antes de revender as participações, o que significa que precisam encontrar compradores para equilibrar sua situação. Mas se forem levadas em conta as vantagens fiscais, a lucratividade é bem melhor.

Os investimentos em educação não são necessariamente muito lucrativos no curto prazo. Mas o valor das escolas também se baseia nos seus imóveis, que aumentam à medida que os preços sobem e lhes confere uma boa estabilidade financeira para as PME. É claro que, para um investidor, é melhor comprar uma empresa cujo valor assenta em instalações no centro da cidade do que máquinas com uma vida útil limitada ou competências de equipas que correm o risco de se dispersarem.

Os gastos com educação não são muito sensíveis às condições econômicas. Além disso, o mercado escolar está explodindo, de modo que o investidor que quer retomar seu dinheiro revende com bastante facilidade. Por fim, podemos assumir que a procura continuará a crescer e, dado o passado recente, podemos duvidar seriamente da capacidade da Educação Nacional para a satisfazer. A chegada de fundos de investimento é, portanto, lógica. Além disso, notamos que os interessados em educação são geralmente especialistas em hotelaria ou saúde, serviços pessoais que exigem um grande portfólio de propriedades.

Essa lógica obviamente envolve riscos. "Estou muito satisfeito por a escolha ter recaído sobre a Apax Partners, que partilha a filosofia da equipa de gestão do INSEEC: a criação de valor na área da educação assenta sobretudo na qualidade da formação [8] ", afirma Catherine Lespine, directora geral da Grupo INSEEC, que reúne nomeadamente escolas de negócios, gestão e comunicação. Na verdade, ninguém esperava ouvi-lo dizer que a estratégia do grupo era baseada na redução de custos. No entanto, a qualidade é cara e os preços estão agora muito próximos do máximo que as famílias podem pagar. A tentação de aumentar o número de funcionários ou reduzir a carga horária para aumentar a rentabilidade no curto prazo e satisfazer os acionistas é, portanto, real.

A chegada de fundos de investimento marcou a transição para uma segunda geração de escolas particulares lucrativas. Os fundadores montaram sua escola com a ajuda de bancos e aos poucos a desenvolveram, por meio do crescimento interno. O recurso a financiadores externos responde a uma vontade de acelerar o crescimento da empresa ou corresponde ao tempo de transmissão. Isso se traduz em integração dentro de grupos cada vez maiores. Assim, a Ionis possui cerca de vinte escolas de engenharia, administração, computação e design. A Studialis é um conjunto de vinte e quatro escolas, voltadas para o comércio e a criação, o INSEEC tem quatorze escolas (incluindo a Supsanté, a preparatória médica que já conhecemos [ver pág. 14]). O curso Pigier, famoso há décadas por sua formação em secretariado (foi fundado em 1850),

Ao mesmo tempo, o interesse demonstrado por grandes grupos estimula os criadores, que podem esperar vender seus negócios e, assim, tirar a sorte grande depois de alguns anos, no modelo da "nova economia" que gravita em torno da internet. A Crossknowledge, uma pequena empresa em Suresnes especializada em educação gerencial à distância, foi comprada por US$ 175 milhões em 2014 pelo grupo americano Wiley.

O setor atrai, portanto, start-ups, fundadas por profissionais de negócios experientes ou por jovens professores. Segundo o L'Express [9], o outono de 2014 é o da angariação de fundos: 900.000 euros para Lelivrescolaire.fr, 1,2 milhões de euros para Kartable e 360Learning, 3,2 milhões de euros para Coorpacademy.

Nessa primeira fase de consolidação, notamos a quase ausência de grupos exclusivamente voltados para a educação. O Montefiore foi lançado por um ex-chefe da ACCOR, uma gigante hoteleira global. O fundo especializado Octant foi lançado pelo milionário Robert Zolade (85ª fortuna francesa). Por trás da Studialis está o fundo suíço Bregal, lançado pela família Brenninkmeijer, proprietária das lojas C&A. Temos a sensação de que essas pessoas diziam para si mesmas que era hora de pensar na educação como fast food ou distribuição e que suas habilidades lhes permitiam investir nesse mercado.

A segunda etapa da consolidação é o lançamento de grandes fusões e aquisições, como em outros setores. No final de 2013, a INSEEC foi vendida pelo seu proprietário, o gigante americano Career Education Corporation, à Apax Partner, pela arrumada quantia de 200 milhões de euros. Apax é um fundo de investimento poderoso, que tem Altran Technologies e Alain Afflelou em suas participações. Esta fase pode ser explicada: "A força do grupo INSEEC é seu tamanho, sua forte presença internacional, sua ampla gama de programas e sua rede de ex-alunos", diz a Sra. Lespine. [10]. Poderíamos obviamente substituir "INSEEC" pelo nome de qualquer outro grupo.

Os grupos tentam fazer na educação o que (nem

sempre) deu certo em outras atividades: transferir boas práticas. Refira-se que são muito poucos os cursos de formação em... gestão de estabelecimentos de ensino. Nesse setor, as receitas de sucesso permanecem muito empíricas, até mesmo incertas. Tanto é assim que um grupo tentará disseminar nas suas escolas ideias de sucesso, em termos de gestão, pedagogia ou recrutamento, através da circulação de informação ou da criação de uma pequena unidade de investigação.

A dimensão de um grupo permite-lhe construir formações como Lego, combinando tijolos, de acordo com as especializações disponíveis nas várias escolas. Isso evita que os alunos tenham que se especializar de forma muito restrita, ou mesmo permite que eles cheguem ao mercado de trabalho com um conjunto de habilidades duplas. No entanto, não é fácil para uma escola de informática oferecer bons cursos de administração. Um grupo com escolas especializadas poderá fazer isso com muito mais facilidade. Graças a esta variedade de formação, é ainda possível oferecer cursos à la carte nas diferentes escolas do grupo.

Outro ponto forte dos grupos é a sua presença em vários países, o que promove a organização de estágios e mobilidades e permite dar-se a conhecer fora das fronteiras, e recrutar estudantes estrangeiros. A obsessão das escolas é, sim, construir uma marca.

Marca

Se, nos fóruns, os alunos discutem sem parar para saber se uma escola é melhor que outra, o juiz de paz geralmente é a imagem da marca, manifestada nas escolhas dos alunos: entre os alunos admitidos em duas escolas, quantos escolher o primeiro e quantos o segundo? Um dos desafios na constituição de grandes grupos é a criação de marcas fortes, o que demanda tempo e recursos. Porque são essas marcas que atraem os alunos e justificam preços altos. Cinquentões com múltiplos sucessos profissionais são apresentados pela primeira vez como "ex-alunos da ENA",

"X-ENSAE", etc. Os alunos sabem que a marca a que vão ficar associados irá acompanhá-los ao longo do seu percurso profissional. Muito tempo depois de sair, eles geralmente são apoiadores entusiásticos de sua escola.

Por outro lado, na selva de siglas que parecem todas iguais, é difícil se orientar. Muitas vezes, os alunos me dizem: "Eu sou levado para a ESCE. É bom ? Eles passaram no concurso e se inscreveram por cinco anos sem conseguir avaliar com precisão o nível e as especificidades da escola. A marca é uma resposta a essa incerteza. Marcas de prestígio são, portanto, altamente cobiçadas.

Mas construir uma marca leva tempo. Os sites das principais instituições educacionais ainda exibem fotos de capelas neogóticas, bibliotecas apaineladas, frontões majestosos, graduados em becas. Seu logotipo é um brasão adornado com símbolos medievais. A meio caminho entre Harry Potter e O Nome da Rosa, esse simbolismo é uma garantia significativa de genuinidade. A referência aos costumes é multiplicada pelo resumo de seniores de renome. Os parisienses acostumados com a cena arruinada de salas de estudo despreparadas e terraços gelados da Sorbonne não podem imaginar a força desse nome direto no mundo acadêmico.

As organizações que não souberem explorar este tipo de legado estão condenadas a um trabalho sério de vitrine, convicção, presença nos diagramas (que veremos ser exorbitantes), construção de estruturas extensas e excepcionais. Para ser franco, a questão da marca inclui especulações de peso. As assembléias são claramente atraídas para comprar uma escola com uma marca e estender as vantagens para suas escolas em geral.

Para finalizar, o peso das escolas privadas está assim inquestionavelmente em ascensão, em todos os níveis do sistema escolar. A quantidade de alunos que ele ensina aumenta, bem como suas posições na hierarquia das escolas. A debilitação das escolas financiadas pelo estado desde meados dos anos 2000 abre oportunidades para ampliar fatias privadas do bolo, sobrecarregando o modo de vida das famílias. A peculiaridade mais surpreendente é o aperfeiçoamento das organizações privadas, empresariais e beneficentes nos campos profissionais. Estas escolas estão, portanto, principalmente presentes na educação avançada. Sua adaptabilidade e capacidade de progresso são intrigantes, principalmente porque dependem de notável poder monetário.

No entanto, os pais franceses estão menos dispostos a pagar pela educação de seus filhos do que os da Ásia ou dos países anglo-saxões. Segundo pesquisa realizada pelo banco britânico HSBC em 2014 [11], são apenas 50% a entender que é preciso pagar para estudar, contra 75% a 80% em outros lugares. Eles também estão entre os menos convencidos de que a educação é o melhor investimento que podem fazer para seus filhos.

Seja como for, as escolas privadas especializadas constituem agora uma componente integrante do sistema de ensino superior, a par da universidade e das Grandes Ecoles. Essa mudança só pode acelerar a desvalorização da universidade e reforçar consideravelmente as desigualdades ligadas à renda familiar, entre a minoria dos que têm acesso a essas escolas e os que ficam fora de suas portas.

Capítulo 6 Notas

1. Apresentação do Cours Molière em seu site www.cours-moliere.com . HYPERLINK "http://www.cours-moliere.com/" \h

2. TNS SOFRES, "As dificuldades e as expectativas dos pais", novembro de 2011.

3. O bacharelado que dá acesso à universidade, os júris do bacharelado são formalmente presididos por um professor universitário. Mas ele raramente vem e, mesmo neste caso, não conhece os procedimentos. É assim nomeado no júri um vice-presidente, que assume efectivamente as funções de presidente.

4. INSEE, Trinta Anos de Vida Econômica e Social, INSEE, Paris, 2014 , www.insee.fr.

1. Diante da emoção despertada, o presidente do Paris-Ouest, no entanto, anunciou em 2014 que queria denunciar esse acordo.

2. Economia e economia comercial (1) ou científica (2), física matemática científica

(3) ou físico-química (4), letras literárias e ciências sociais (5) ou letras (6).

3. No entanto, a limitação das brechas fiscais desde 2013 pode ter efeitos muito negativos sobre esses fundos.

4. Comunicado de imprensa da APAX Partner, 24 de

outubro de 2013.

5. Emanuel DAVIDENKOFF, "Top teacher", www.lexpress.fr, 5 de dezembro de 2014.

6. Christine L.AGOUTTE e Yann L.EGALES, "O grupo INSEEC quer se tornar o líder mundial em trens de luxo em 27 de janeiro de 2014.

7. *Relatório global do HSBC. O valor da educação, trampolim para o sucesso*, setembro de 2014.

7

O mercado global do conhecimento

"Notícias edificantes para as pessoas que veem a mudança escolar como um método de geração de receita: outro relatório avalia o mercado mundial de treinamento em US$ 5,4 trilhões em 2015 [acima dos US$ 27 bilhões em 1995]1.»

VSandehasborn, os resultados dos preparativos do ensino médio Quesnay têm e é incrível: quase metade dos alunos foi para escolas geralmente excelentes, doze dos quais foram para a École Polytechnique. Em todo o caso, sublinha o responsável individual pelos preparatórios, as turmas serão as mais desocupadas daqui a um ano que a fundação tenha conhecido. Isso é explicado pela multiplicação de abdicações tardias de alunos realizados em Quesnay, mas também levados para McGill (Canadá), Cambridge ou Londres e que preferem o vento do mar às aflições da matemática.

As pessoas estão se lançando inteiramente no profundo fim da globalização de forma muito mais eficaz do que antes. Escolas também. Esta peculiaridade é coerentemente fundamentada a partir do exposto. Incluindo a ascensão da área privada de negócios, a expansão da disposição para pagar das famílias, a produção de encontros com fortes bases monetárias, o peso do inglês e a necessidade de encontrar o mundo durante os exames, conclui-se que a França está pronta para aderir o mercado educacional global que está se desenrolando rapidamente diante de nossos olhos. Este capítulo, portanto, conta uma história de grandes grupos financeiros e estratégias planetárias. Parece um pouco como ir de uma guerra de fogo para uma guerra nas estrelas e, no entanto, está acontecendo perto de casa.

A primeira globalização

Apesar da imprecisão desse tipo de medição, a Unesco (Organização das Nações Unidas para a Educação, a Ciência e a Cultura) estimou que em 2014 havia pelo menos 4,5 milhões de pessoas estudando no exterior, número que dobrou em dez anos e cresce em ritmo cada vez mais acelerado. Metade está concentrada nos cinco principais países anfitriões: Estados Unidos (19%), Reino Unido (11%), Austrália (8%), França (7%) e Alemanha (6%). Outras fontes fornecem resultados ligeiramente diferentes, classificando a França à frente da Austrália e da Alemanha. Acima de tudo, a Unesco esquece a China, terceira colocada pelo Institute of International Education, associação americana.

290.000 alunos "internacionais" [2] » estiveram matriculados em estabelecimentos de ensino superior franceses em 2012-2013. Eles representavam um em cada oito alunos. No Reino Unido e na Austrália, países que se especializaram no ensino superior, um em cada cinco alunos vem do exterior. Note-se que a França conseguiu manter a sua "quota de mercado", para usar a expressão da OCDE, enquanto a dos Estados Unidos entrou em colapso, uma vez que foi

28% em 2001. Os Estados Unidos continuam atraentes, mas enfrentam uma concorrência muito mais forte do que no passado.

A globalização do recrutamento de estudantes leva à

sua concentração. As melhores universidades do mundo hoje recebem muito além das fronteiras nacionais. Moocs (cursos online) são uma ótima maneira de ampliar a detecção de talentos. Em 2013, uma paquistanesa de 12 anos foi a estrela do fórum de Davos, que reúne empresários e políticos para discutir assuntos mundiais. Entrevistada por uma estrela do jornalismo americano, Khadija conta que aos dez anos se matriculou em um curso online sobre inteligência artificial, oferecido pela empresa especializada Udacity. Depois de concluir com sucesso (!) o curso, ela se matriculou em física e recebeu a nota máxima. Outro pequeno gênio ganhou uma passagem de avião para continuar seus estudos nos Estados Unidos. Com esse tipo de anedota, as universidades americanas podem propagar a ideia de que reúnem as mentes mais brilhantes do planeta.

Obviamente, o fenômeno é cumulativo: quanto mais aumenta a reputação de certas universidades, mais bons alunos de todas as origens querem ir para lá, o que aumenta ainda mais o nível. Assim, a London School of Economics tornou-se quase inacessível para os meus alunos, em concorrência com muitos alunos chineses e indianos, de nível muito elevado... e que pagam propinas significativamente mais elevadas. Nos Estados Unidos, mais alunos de doutorado vêm da Universidade Chinesa de Tsinghua, da qual você, como eu, nunca ouviu falar, do que de qualquer universidade americana! Mais da metade dos doutorados em ciência e engenharia concedidos em universidades dos EUA desde 2006 foram concedidos a estudantes internacionais, principalmente chineses, indianos e coreanos.

Outra razão para essa ascensão meteórica é justamente o surgimento dos países em desenvolvimento. As elites chinesas ou indianas agora incluem dezenas de milhões de famílias que têm meios para enviar seus filhos para estudar no exterior. Por razões culturais, o prestígio da educação costuma ser muito forte. O prefeito de uma grande aldeia na província de Sabah, na ilha de Bornéu, explicou-me um dia com orgulho que toda a aldeia havia se unido para permitir que um brilhante sujeito da aldeia partisse para seu segundo ciclo. na Califórnia. As perspectivas financeiras abertas pelo investimento educacional dessas populações obviamente fazem as empresas do setor salivarem. Os asiáticos agora representam metade dos estudantes internacionais no mundo, uma proporção que deve aumentar. O número de estudantes chineses no exterior quintuplicou entre 2000 e 2012 e agora ultrapassa 700.000; o número de sauditas aumentou seis vezes para 60.000, mais do que os americanos!

Como os produtos estrangeiros, as principais universidades ocidentais gozam de grande prestígio. Assim como as marcas japonesas costumavam usar nomes anglo-saxões (Kenwood, por exemplo), algumas universidades asiáticas usam nomes que soam anglo-saxões. Mas o expediente engana poucas pessoas. São as principais instituições anglo-saxônicas que atraem estudantes asiáticos. Para a burguesia de Pequim, nada é mais chique do que enviar seus filhos para estudar em Eton, às vezes já na escola primária. O regime, teoricamente comunista, não vê nada de errado nisso: já faz quase vinte anos que uma grande cidade chinesa teve seu primeiro prefeito formado em Harvard. Portanto, não é surpreendente que os estudantes chineses primeiro se apressem para países anglo-saxões. São 200.000 nos Estados Unidos, 90.000 na Austrália e quase 70.000 no Reino Unido. O mesmo vale para os índios, principalmente por razões etimológicas. No que diz respeito à sua, a França convida em sua maioria estudantes africanos e chineses.

Obviamente, convidar alunos desconhecidos não é apenas uma questão de negócios, mas também uma parte significativa do poder delicado, do impacto social e político. A França afirma, por exemplo, que a reunião de substitutos aumenta seu impacto mundial e apóia a Francofonia. As nações socialistas compreenderam bem isso no geral: lembramos que numerosos chefes de nações emergentes consideraram, com todas as despesas pagas, na Associação Soviética ou na China.

Mais uma vez, é ao nível político que a concentração no estrangeiro experimenta os maiores constrangimentos, por causa dos regimes de vistos proibitivos, instituídos nos EUA após o 11 de setembro, na Austrália ou em França. O menor fascínio dos EUA ultimamente é, em grande parte, explicado por essas questões. Na França, as dificuldades enfrentadas por alunos desconhecidos em conseguir a opção de tentar apoiar seus exames também constituem um freio. Estados ao longo dessas linhas parecem estar em conflito entre poder delicado e apreensão sobre estranhos. A incoerência lógica entre seus objetivos reflete, é válido,

Os substitutos globais compreendem um mercado significativo, independentemente de as informações a respeito deles serem um tanto incertas. Eles com certeza aumentam a economia por meio das despesas educacionais que podem pagar, mas também por meio de seus custos contínuos. De acordo com uma estimativa do Serviço Inglês de Treinamento, os substitutos mundiais trouxeram para o Reino Unificado 17 bilhões de euros em 2009, lembrando 2,6 bilhões para despesas educacionais. Nos EUA, estamos discutindo 24 bilhões de euros. Na Austrália, os 13 bilhões de euros associados a subestudos mundiais tornam-no o terceiro maior excesso recorde atual. Também deve ser notado que estudantes desconhecidos geralmente pagam mais do que os nacionais, de modo que facilitá-los é realmente produtivo para as faculdades.

Convidar alunos desconhecidos é o principal período da globalização do treinamento. Para colonizar nações como o Reino Unido ou a França, é uma prática antiga. A França também continua sendo um campo de preparação para as elites africanas de língua francesa. Ainda assim, entramos em uma segunda era de globalização dos estudos, marcada pelo aperfeiçoamento dos sistemas. As faculdades a partir de agora não se contentam em levar alunos para eles, eles se conectam com eles criando diplomas na web e, o mais importante, protegendo-se no exterior.

Educação, indústria global

Uma escola ou universidade que possui campi em vários países pode ser chamada de educação multinacional. Segundo a acadêmica Rosa Becker [3], o número dessas multinacionais passou de 24 em 2002 para 82 em 2006 e 162 em 2009. Nesse ritmo, poderiam ser cerca de 400 hoje. torna -se lugar-comum, vários cenários devem ser distinguidos. Algumas escolas fazem acordos ou criam subsidiárias principalmente para fornecer aos seus alunos lugares para estudar no exterior. Outras procuram desenvolver-se no estrangeiro, numa lógica de influência ou aumentar o seu volume de negócios e os seus lucros através do recrutamento de novos alunos. Por fim, há o caso de grupos financeiros que compram escolas em vários países e se tornam empresas multinacionais de educação.

Na França, as universidades estrangeiras não estão muito presentes. Mas os grupos financeiros estão investindo com força total. Muitos fundos de investimento são anglo-saxões e chegam ao mercado francês com muita experiência e capital respeitável. A motivação desses fundos é investir em um novo mercado, enquanto seu mercado doméstico está próximo da saturação. Ao mesmo tempo, a presença de longa data de escolas privadas torna esse mercado mais acessível do que o de países onde a educação é essencialmente pública e gratuita. Outra motivação para o investimento desses grupos na França é penetrar, por essa via, no mercado dos países em desenvolvimento francófonos, cujas elites desejam escapar de um sistema educacional nacional falido.

A chegada de grupos anglo-saxões provoca uma mudança de escala. A Pigier, o ISCOM (Instituto Superior de Comunicação e Publicidade) e as escolas de negócios do IPAC fazem assim parte da Eduservice, que pertence à Duke Street, um fundo britânico com mais de 2 mil milhões de euros de faturação anual. [4]. IFG, ESCE e EBS, três escolas de negócios, foram adquiridas pela Laureate International Universities. Este gigante grupo americano (4 bilhões de dólares em faturamento) está presente em cerca de trinta países e educa 800.000 alunos. Entre seus acionistas está o fundo KKR, conhecido mundialmente nos mercados financeiros por suas audaciosas operações de buy-outs de empresas financiadas por dívidas... que reembolsam com a venda de pedaços das empresas compradas. Desde a sua criação, há quase quarenta anos, este fundo orgulha-se de obter uma rentabilidade média de 27%, o que é extraordinário.

Os grupos franceses não estão perdendo o apelo desta fase da globalização. Assim, sob a liderança de seu novo proprietário, o grupo INSEEC planeja se instalar na China, Coréia ou Brasil. Grupos privados não têm o monopólio dessa orientação: como vimos, ESSEC, Centrale e muitos outros abriram campi no exterior, que promovem estágios para seus alunos da França, mas também recrutamento local. Como em outras áreas, o mercado asiático é o primeiro alvo. A Escola Central de Hyderabad apresenta um modelo interessante: é totalmente financiado pela Mahindra, um grupo industrial que busca treinar líderes empresariais em vez de lucratividade a todo custo. O grupo indiano traz capital, mas também uma forte reputação. A escola francesa traz seu know-how,

Os grupos internacionais fornecem às escolas privadas adquiridas recursos financeiros para investir e melhorar a sua posição e com parceiros internacionais que lhes conferem uma vantagem competitiva significativa, numa altura em que a abertura internacional se torna essencial. Grandes grupos estão investindo nos Moocs, que representam uma verdadeira revolução econômica. De fato, o constrangimento da educação é que você precisa de um professor na frente dos alunos. Como, neste caso, obter ganhos de produtividade? Aumentar o tamanho da turma reduz a qualidade. Por outro lado, multiplicar o professor por videoconferência abre possibilidades fantásticas: com um único salário de professor para pagar, você pode atingir um número infinito de alunos.

Assim, a Laureate International Universities assumiu uma participação no Coursera, que produz cursos de professores de Stanford, Princeton, CalTech, Normale sup e Polytechnique. Para um grupo com escolas, existem aqui enormes sinergias potenciais: as escolas adquirem cursos do Coursera, o que não lhes custa muito, uma vez que esses cursos são distribuídos em massa. Por outro lado, eles passam nos exames e, assim, permitem a certificação dos cursos oferecidos pelo Coursera.

Outra consequência da formação dos grupos é a padronização das práticas de manejo. Trata-se de impor um modelo a todo o grupo, com indicadores de eficiência, objetivos a atingir, métodos de gestão, etc.

Este modelo encontra sua última estrutura com as EMOs ou associações de administração instrutiva que estão sendo criadas nos EUA. Esta abreviação foi fabricada por meio de relacionamento com HMOs, associações que surgiram nos Estados Unidos na área de bem-estar. Intermediários entre a agência de seguros que compensa a contraprestação e as clínicas de emergência, especialistas em medicamentos ou especialistas que a fornecem, essas HMOs impõem diretrizes, como a duração da hospitalização por uma patologia específica ou a marca do medicamento que um especialista pode endossar.

No campo do treinamento, os EMOs projetam (como traçar um plano, avaliá-lo, rastrear educadores, selecionar substitutos e assim por diante) e revisar (quantos educadores por substituto? que número de metros quadrados por substituto? normal despesas de preparação?, e assim por diante.). Eles também podem promover procedimentos educativos. Devem escolher "grandes práticas" e dispersá-las na assembléia. Os EMOs já colocaram recursos na área de escolas contratadas: alguns estados americanos dão a cada um dos tutores de vouchers de treinamento de estudantes que eles usam em sua fundação preferida, para trazer a diretriz de rivalidade para a 'instrução'. Eles antecipam uma melhoria no quadro. Pode-se imaginar que as reuniões de escolas justifiquem seu procedimento nesse modelo.

Essas práticas são parceiras do surgimento do capital em busca de incríveis portas abertas para benefício e arbitragem entre interesses em escolas, clubes recreativos, asilos ou penitenciárias. Os investidores claramente querem saber se seu dinheiro está sendo utilizado de forma consciente (responsabilidade). Com base na experiência acumulada, os EMOs poderão dizer a partir de quantas horas de aulas um curso de formação deixa de ser rentável, por exemplo; ou como conduzir uma política salarial incentivando os professores a dar o melhor de si sem gastar muito. Mas a tensão entre qualidade e rentabilidade nem sempre é fácil de reduzir e os stakeholders da educação correm o risco de reagir violentamente ao confisco da liberdade que a chegada das EMOs implica. Para um professor, parece um filme-catástrofe. No campo da saúde, esse modelo, fortemente criticado pelos médicos por perderem a liberdade de decisão, acarreta altos custos de gestão. Em termos de otimização, acaba sendo mais caro que os sistemas públicos. É possível que a mesma coisa esteja acontecendo na educação.

Zonas Francas Educacionais

A terceira etapa do foguete é a criação por certos países de vastas plataformas, chamadas hubs de educação ou hubs de conhecimento, por analogia com o transporte aéreo – um hub é um ponto de passagem obrigatório, o centro operacional de uma empresa para onde convergem suas voos. Trata-se de dedicar uma área, servida e gerida pelas autoridades, à instalação de escolas, mas também por vezes de centros de investigação. O objetivo é usar a educação como um setor econômico no qual contar para criar atividade e ganhar divisas. É uma modalidade particular da globalização da educação para mais de uma terceira idade, porque diz respeito apenas a alguns países emergentes.

Em Cingapura, por exemplo, isso faz parte de uma estratégia maior para transformar o estado insular em uma economia do conhecimento. Os Emirados Árabes Unidos colocam recursos colossais ao serviço de uma estratégia de economia do conhecimento e da cultura, que passa nomeadamente pela construção em Abu Dhabi de três gigantescos museus: o Louvre, o Guggenheim e o Zayed, bem como a criação de dois cinemas festivais.

O exemplo das Maurícias, por outro lado, ilustra uma abordagem puramente centrada nos serviços educativos como mercadoria: "O objetivo é gerar, dentro de dez a quinze anos, um bilião de dólares em faturação, ou seja, 10% do PIB mauriciano!" diz o

Ministro do Ensino Superior das Maurícias [5]. De acordo com este plano, as Maurícias receberiam 100.000 estudantes internacionais em 2020 (contra 1.000 em 2013!). É de salientar que o Ministério do Ensino Superior só foi criado em 2010, com o objetivo de desenvolver a atividade económica neste setor. Ou seja, se a formação dos mauricianos fica em segundo plano.

O hub de conhecimento das Maurícias visa recrutar estudantes de todo o Oceano Índico e da África. Uma empresa pública, Knowledge Parks Ltd, foi criada para administrar os três campi com financiamento público. As mulheres estrangeiras das instituições são encorajadas a vir e se estabelecer nesses campi. Assim, a escola Vatel criou um bacharelado e um mestrado em hotelaria, sendo os muitos hotéis de luxo da região excelentes locais para estágios. Outros cursos foram criados graças a uma parceria internacional, como com Paris-I-Panthéon-Sorbonne ou Paris-Dauphine: a empresa mauriciana Analysis Institute of Management coordena o MBA ministrado pela Universidade de Paris-Dauphine e o Institut d'administration des entreprises (IAE) de Paris nas ilhas do Oceano Índico.

A Dubai International Academic City (20.000 alunos) quer ser "a primeira zona franca do mundo dedicada à educação". As autoridades insistem no fato de que as universidades que ali se estabelecem são totalmente proprietárias de seu estabelecimento e podem repatriar livremente seus lucros. Dubai ou Maurício aplicam, portanto, ao ensino superior as receitas que deram certo em outras áreas, como a têxtil nas Maurícias. A ilha domina a criação de zonas francas, sabe construir a infraestrutura necessária para os negócios, tem a credibilidade necessária para convencer as empresas estrangeiras de que é um estado de direito, confiável, estável, que permite que os negócios prosperem em paz.

Mas é o suficiente? As Maurícias podiam atrair nos têxteis, graças à sua mão-de-obra barata, no turismo, com as suas praias de areia branca. Na educação? Por mais que olhemos, a vantagem competitiva de Maurício não é óbvia. Essas tentativas são, portanto, necessariamente cautelosas. Já em 2011, um pesquisador se perguntava se era um modismo ou uma verdadeira inovação. [6].

Vários escândalos mancharam recentemente o desenvolvimento dos pólos, em particular os problemas de acreditação: os alunos descobrem, após vários anos de estudos dispendiosos, que o seu diploma não é reconhecido no estrangeiro. Também aconteceu que a subsidiária de uma "grande escola ocidental" em Dubai foi forçada a fechar quando se descobriu que sua empresa-mãe... era pura invenção! Tranquilizemos o leitor sem mais delongas: essa escola imaginária reabriu uma filial em outro emirado [7]. Estes escândalos mostraram às autoridades que a intervenção pública era essencial para dar credibilidade aos diplomas atribuídos.

Dubai vive uma verdadeira bolha educacional. Em 2007, havia mais instituições educacionais lá do que em qualquer outro lugar do mundo; dez das cem maiores escolas de negócios foram representadas em

Dubai, sete no Catar e três em Abu Dhabi, por exemplo. A crise financeira de 2008 atingiu duramente Dubai, reduzindo drasticamente o número de expatriados que poderiam colocar seus filhos nessas escolas. Novos campi permaneceram, portanto, meio vazios e, portanto, bem abaixo do ponto de equilíbrio. Alguns fecharam tão rapidamente quanto abriram. Hoje parecem cidades fantasmas abandonadas após a corrida do ouro nos Estados Unidos. Esta é a primeira crise de crescimento na educação globalizada.

A força do modelo de Dubai provavelmente também está em questão nesta crise. O livre mercado e a ausência de regulamentação não são necessariamente uma panacéia em um campo onde é muito difícil avaliar o "produto", ou seja, o diploma. Continua a ser essencial a certificação por entidade reconhecida, o estabelecimento de padrões de qualidade e algum planeamento de abastecimento. Dubai também montou um organismo de certificação em 2013. Por fim, as dificuldades de alguns acadêmicos na obtenção de vistos, devido a seus cargos políticos ou à natureza de seu trabalho, não auguram nada de bom para a possibilidade de receber um corpo docente permanente no local.

Note de passagem o contraste entre os Emirados. Os Emirados Árabes Unidos formam uma estrutura federal, reunindo sete principados, sendo os principais Dubai e Abu Dhabi, que abordam a economia do conhecimento de formas diametralmente opostas. Dubai espera benefícios financeiros diretos das zonas francas e renuncia ao controle de seu desenvolvimento às vezes anárquico, enquanto Abu Dhabi procede por cautelosos acordos interestatais.

Ásia conquistando Ásia

Malásia, Hong Kong, Coréia do Sul e Cingapura lançaram iniciativas comparáveis, mas baseadas em bases mais sólidas. Cingapura é um país altamente desenvolvido, cujo estado, poderoso e eficiente planejador, há muito se especializou em logística. Singapura entregou assim à China cidades chave-na-mão, encarregando-se tanto da construção como da gestão de infraestruturas e serviços públicos. Sua localização geográfica coloca Cingapura ao alcance de estudantes asiáticos. A ilha desenvolveu também a ideia do "edu-turismo", tornando possível conciliar a exploração da região com um curso ministrado por escolas de excelência, entre as melhores do mundo.

De fato, Cingapura conseguiu atrair mais de 1.100 escolas e universidades estrangeiras, incluindo MIT, Imperial College London, Munich Technological University e o primeiro campus criado por Yale em trezentos anos, para usar o slogan all in finesse imaginado pelos comunicadores deste instituição. A propósito, os professores e o conselho de administração de Yale ficaram chateados por não terem sido consultados sobre essa implementação e descobriram que não tinham voz no assunto. O respeito pela tradição não se estende à partilha do poder...

A criação de polos na Ásia é a consequência lógica da emergência econômica do Leste Asiático e da globalização da educação. O lugar da Ásia neste movimento está mudando rapidamente. Os centros educacionais da Coreia do Sul esperam atrair estudantes russos: um símbolo e tanto.

Os gigantes asiáticos, Índia e China, estão um pouco atrás desse movimento, que tentam frear com uma política protecionista. Por exemplo, os institutos de tecnologia indianos proíbem seus alunos de aceitar estágios no exterior. A China e a Índia tendem a desacelerar o estabelecimento de universidades estrangeiras, que consideram concorrentes de suas próprias universidades, cujo desenvolvimento interno desejam promover. Eles estão alcançando o verdadeiro sucesso. Institutos indianos de tecnologia treinam engenheiros altamente conceituados. Segundo algumas fontes, a China agora recebe mais de 300.000 estudantes estrangeiros. Acima de tudo, em 2014, 100.000 americanos estudavam na China, um número absolutamente impressionante. Quem, apenas dez anos atrás, poderia imaginar uma mudança tão radical, essa fuga de cérebros às avessas? E por que escolher a China?

A resposta não é muito original: dinheiro. Um MBA classificado entre os vinte melhores do mundo, oferecido pela China Europe International Business School, em Xangai, custa metade do preço dos Estados Unidos, sem falar no baixo custo de vida. Como a reputação das universidades chinesas ainda está por fazer, elas são menos seletivas do que em outros lugares. Em medicina, por exemplo, um estudante indiano que deseja um bom diploma tem boas razões para hesitar entre a Europa e a China, que os fóruns começam a ecoar. No caso particular dos americanos, Hillary Clinton criou em 2013 uma fundação que oferece bolsas de estudos para estudantes que desejam ir para a China, a fim de aproximar os dois países e conhecer um país que é e será cada vez mais um grande poder. Como em outras áreas, no entanto,

    Como em outras áreas, de fato... Este capítulo parece um artigo de L'Expansion. Tente lê-lo novamente, substituindo "aluno" por "cliente" e

" educação " por "informática", "fast food", ou mesmo "máquina-ferramenta": vai muito bem. O que caracteriza a globalização da educação superior é que ela é feita essencialmente pelo mercado, considerando a educação como uma atividade de serviço para indivíduos com alto valor agregado, na qual existem oportunidades significativas de desenvolvimento. lucrativo .

Segundo um slogan ouvido na França, mas também no Chile ou em Quebec,

" educação não é mercadoria". Na verdade, sim. Existe uma demanda (mais ou menos) solvente, uma oferta paga, um mercado bastante organizado, financiamentos, empreendedores, estratégias comerciais, marcas, avaliação de produtos, revistas para ajudar o consumidor em suas escolhas, etc. Os desdobramentos que acabamos de explorar mostram que ela é cada vez mais uma commodity e que essa tendência vai crescer. Curiosamente, muitas vezes surgiram preocupações sobre isso na França em relação aos acordos comerciais internacionais, como se a ameaça de mercantilização da escola viesse de fora para sitiar um sistema francês público e gratuito.

Claramente, não estamos mais lá.

Capítulo 7 Notas

1. Valerie STRAUSS, "O mercado educacional global atinge US$ 4,4 trilhões – e está crescendo", The Washington Post, 9 de fevereiro de 2013.

2. Esse termo pode parecer estranho, mas permite distinguir pessoas que vêm do exterior para estudar daquelas que são de nacionalidade estrangeira, mas cuja família pode muito bem estar estabelecida no país há anos.

3. Rosa BECKER, "Campus de filiais internacionais: mercados e estratégias", The Observatory on Borderless Higher Education, 2009.

4. Isabelle REY-LEFEBVRE, "Escolas particulares, uma mina de ouro para investidores", Le Monde Campus, março de 2012.

5. Jean-Michel D.URAND, "O centro do conhecimento toma forma em certa imprecisão", L'Eco austral, 13 de fevereiro de 2014.

6. Jane KNIGHT, "Centros de educação: uma moda passageira, uma marca, uma inovação? », Journal of Studies in International Education, no. 15 de junho de 2011, pág. 221.

7. Leigh THOMAS, "Quality the big challenge for private education hubs", University World News, 9 de

março de 2012.

8

Taxas de matrícula crescentes

"Os ricos, quando a desigualdade é grande e seus rendimentos significativamente superiores aos das classes médias, relutam em investir em bens públicos como a educação [...] e preferem fazer deles consumo privado [1].»

QUASE tendo frequentado uma ótima escola, Jean-Charles teve uma bela carreira na indústria, mesmo que tenha desacelerado o ritmo por alguns anos. Seus filhos cresceram e ele os vê seguindo um caminho familiar. Quando chega o momento decisivo de escolher o seu caminho no ensino superior, tem a sensação de que poderá, sem dúvida melhor do que outros, ajudar, aconselhar e financiar os seus filhos. Analisando a questão, descobre que o custo do ensino superior explodiu: formação privada cada vez mais cara, cursos de apoio essenciais, cursos preparatórios pagos exigem orçamentos substanciais. Ele percebe que terá que fazer um esforço considerável para arcar com esse custo e proporcionar aos filhos estudos proveitosos. Claro, o treinamento pago não é novidade. Mas eles eram facilmente acessíveis aos filhos de engenheiros, até mesmo professores. Este não é mais o caso.

A inflação se deve principalmente às escolas de negócios, cujas taxas são muito altas hoje. Este capítulo começa detalhando o caso deles. Mas o restante da educação superior está seguindo, na esperança de compensar a diminuição do financiamento público e o aumento dos custos. O gratuito, que era a regra, será a exceção?

Antigamente, nas aulas de ciências, os alunos dos cursinhos comerciais eram vistos com certo desdém. Seu nível em matemática, a medida de tudo, era inferior ao das ciências preparatórias; e suas carreiras pareciam menos virtuosas do que as de médicos ou engenheiros. A alcunha com que se davam os alunos destes prepas, as "especiarias",

traduz bem essa condescendência. As escolas ainda carregavam o estigma da época em que legitimavam as posições de "meninos do papai" mais ou menos dotados.

Mas um dos meus colegas, um Centralien que havia entrado na IBM, notou que os graduados da escola de negócios, reconhecidamente menos familiarizados com computadores do que ele e que nunca demonstraram a mesma capacidade de trabalho que ele, escreviam notas e as apresentavam oralmente muito melhor do que ele e evoluiu rapidamente para as alturas da empresa. Era o início dos anos 1980. As escolas de negócios estavam começando a assumir o controle. Essa tendência não foi negada desde então, especialmente porque cada vez mais graduados em escolas de negócios estão nas equipes de grandes empresas. Essa mudança da ciência e da literatura para o comércio é, aliás, significativa da evolução da escala de valores na França. Hoje, os pais mandam seus filhos com confiança para a escola de negócios.

Seu entusiasmo é, no entanto, manchado pela conta a ser paga. Preferir uma escola de negócios a uma escola de engenharia não é, de fato, neutro em termos de custo. Embora a maioria das escolas de engenharia permaneça pública e com preços moderados, as escolas de negócios são muito caras.

As principais escolas de negócios sempre cobraram uma taxa, devido ao seu status. Eles não se reportam diretamente ao Ministério do Ensino Superior. Algumas das mais importantes agora dependem das Câmaras de Comércio e Indústria (CCI), notadamente HEC, ESCP Europe e Novancia, que dependem da CCI de Île-de-France, BEM Management School (Bordeaux), Grenoble EM e Toulouse Escola de Negócios. Depois de quase falir no final da década de 1970, a ESSEC está vinculada ao CCI de Val-d'Oise. Para além deste estatuto consular, existem escolas com estatuto privado, que são geralmente associações ou sociedades anónimas simplificadas. A grande maioria das escolas, apesar de pagas, não têm fins lucrativos, é importante frisar isso.

Para entender completamente os dados financeiros, também é necessário encontrar o caminho no maqui de diplomas. Na década de 1930, as escolas de negócios introduziram o recrutamento após um, depois dois anos de aulas preparatórias, imitando as escolas de engenharia. Mas alguns, chamados de preparação integrada, recrutam no nível de bacharelado (ver p. 119). Na maioria das vezes, as escolas de negócios levam a bac + 5 diplomas de nível, correspondentes ao mestrado. A escolaridade lá, portanto, dura três anos (após a preparação) ou cinco anos (pós-graduação). Eles também desenvolveram diplomas chamados de bacharel em administração de empresas (BBA), que estão em geral bac + 4 (norma americana), ainda mais raramente nível bac + 3 (norma inglesa). Para apimentar um pouco mais as coisas, eles também emitem diplomas de pós-graduação concentrados ou Especialista em Ciências (MS) e Especialista em Negócios (MBA), prontos em um ano ou mais. Esses reconhecimentos de nível inegável são planejados para graduados com nível bac + 4 ou bac + 5, muitos dos quais já estão inseridos na vida profissional.

Por fim, os métodos de alistamento para essas escolas melhoraram significativamente recentemente, com confirmações iguais no primeiro ou segundo ano propostas para alunos da faculdade e concursos ajustados para alunos de classes preliminares acadêmicas.

Este grande número de escolas não se equivale nem no que diz respeito à dificuldade de acesso, nem no que diz respeito à remuneração do trabalho principal, nem no que diz respeito à via vocacional. Os rankings anuais e recordes de prêmios elaborados por diferentes órgãos de imprensa dão resultados muito unidos. As melhores são as escolas selecionadas após dois anos de acordo. Escolas com arranjo coordenado são substancialmente menos renomadas. Intrometendo-se assim no ponto mais alto do ranking, rumo ao 10º lugar, escolas como o IESEG, em subida, e a ESSCA. Alguns BBAs, ausentes das classificações por não estarem no nível de especialista, também podem ser valorizados pelos gerentes.

Queridas escolas de negócios

Uma escola de negócios tem um custo considerável, fora do alcance da maioria das famílias no caso de escolas com preparação integrada, pois é necessário financiar cinco anos de estudo no valor mínimo de 40.000 euros e que essas escolas instituições privadas não não isenta os bolseiros das propinas. Os aumentos de preços atingiram mais de 50% desde 2006 nessas escolas [2]. Muitos pais, que tinham em mente as ordens de grandeza do tempo de seus estudos, ficam chocados com esse desenvolvimento. Agora é necessário pagar entre 27.400 euros por três anos de estudos na Audencia e 39.500 euros na ESSEC.

No caso de escolas de três anos, acrescenta-se o custo de dois anos de preparação. A maioria dos prépas são públicos ou dependem de instituições católicas, cujas mensalidades variam de 2.000 a 3.000 euros por ano. Também existem cursos preparatórios para fins lucrativos (IPESUP-PREPASUP, PREPACOM, Integrale, etc.). Seu excelente nível é pago de 8.500 euros a 9.500 euros por ano. O custo da mensalidade é obviamente sobrecarregado pelos custos de moradia, para estudantes que não moram nas imediações dos campi. Como geralmente são remotos ou de difícil acesso, a maioria dos alunos permanece no local. Graças ao subsídio de habitação, no entanto, essas despesas são mínimas. No geral, o investimento na maioria das vezes é muito pesado para as famílias. Em alguns casos, no entanto, pode ser reduzido.

Uma escola em destaque: Escola de Gestão da Télécom fatura 15.450 euros

" apenas " três anos de estudo. Única escola com status público do setor, por ser vinculada a uma escola de engenharia, é de bom padrão. Finalmente, equiparada a uma escola de negócios pelo reconhecimento de seus graduados, a Universidade Paris-Dauphine também é pública e muito mais barata, mesmo que as taxas de inscrição estejam aumentando rapidamente.

As propinas indicadas referem-se ao programa de acesso ao grau de mestre. Os mestrados especializados geralmente custam de 12.000 euros a 22.000 euros por um ano e os MBAs de 35.000 euros a 48.000 euros por dez a dezesseis meses, o que é bastante modesto em comparação com os MBAs americanos, faturados até 120.000 euros! Esses preços podem parecer excessivos. Dado o poder de compra da maioria das famílias, eles definitivamente são.

No entanto, essas avaliações devem ser moderadas, porque esses cursos geralmente fazem parte da educação continuada, em particular EMBAs (E para executivos). Podem ser financiados pelos empregadores, especialmente no contexto do trabalho-estudo. Assim, cerca de 30% dos alunos da ESSEC são aprendizes, tendo a escola desenvolvido inúmeras parcerias que lhes permitem trabalhar, por exemplo, no mercado financeiro enquanto prosseguem os seus estudos. O aprendiz é pago e suas mensalidades são cobertas. Além disso, a obtenção de um desses diplomas é um espetacular acelerador de carreira.

Esta rápida ascensão conduziu a uma certa erosão da rentabilidade dos diplomas, tendo os salários aumentado menos rapidamente do que as propinas. Assim, uma escolaridade de três anos representava em 2014 quase catorze meses de salário para os jovens licenciados, contra menos de dez em 2006. Para as escolas de cinco anos, as propinas representam dezanove a vinte meses de salário. Essa estimativa é mínima, porque os dados sobre salários, vindos das próprias escolas, provavelmente estão superestimados em 20% a 30%. Aumenta, portanto, o esforço de quem financia seus estudos com empréstimos.

Por favor, note que as propinas apresentadas não são líquidas. A isto acrescem custos adicionais não negligenciáveis, como custos de seleção, custos administrativos em caso de interrupção, custos de participação em fins-de-semana de integração, muitas vezes custos adicionais durante estágios no estrangeiro, bem como do que a compra de livros (que podem representam um orçamento de 1.500 euros no primeiro ano). Os Estados Unidos são um caso especial nessa área: enquanto um livro grosso geralmente vale cerca de 50 euros na Europa, pode custar até 320 dólares do outro lado do Atlântico, onde o mercado está bloqueado. Os professores impõem as obras de referência para seu curso, mas não pagam por elas e, portanto, não são muito sensíveis ao seu preço. As editoras estão constantemente lançando novas versões, a fim de desacelerar o desenvolvimento do mercado de segunda mão, e acompanham os livros com arquivos de computador de interesse variável, que elevam os preços. Estes aumentaram 82% entre 2004 e 2014 e, no total, 812% desde 1978, três vezes mais rápido que o custo de vida. Este problema tornou-se muito grave: o custo dos livros universitários chega a 1.200 dólares para alguns alunos e leva muitos deles a desistirem de adquiri-los. Esse fenômeno é citado entre os fatores de reprovação na universidade. o custo dos livros universitários chega a 1.200 dólares para alguns alunos e leva muitos deles a desistirem de adquiri-los. Esse fenômeno é citado entre os fatores de reprovação na universidade. o custo dos livros universitários chega a 1.200 dólares para alguns alunos e leva muitos deles a desistirem de adquiri-los. Esse fenômeno é citado entre os fatores de reprovação na universidade.

Na França, as escolas também cobram pela inscrição nas competições. Um orçamento substancial para as famílias e, às vezes, ocasião para alguns abusos. Concursos conjuntos para escolas de negócios com preparação integrada cobram 120 euros, mais 80 euros por escola para Accès, 225 euros e 30 euros por escola além de um para Sesame, etc. No total, o aluno que apresentar vários concursos para aumentar suas chances paga a partir de 500 euros a 800 euros.

A inscrição para concursos nas Grandes Ecoles custa geralmente cerca de 100, 150 euros. Exceções: o concurso conjunto Mines Ponts tem um custo de 265 euros e os concursos normais escolares são gratuitos. Na maioria das vezes, os bolsistas são isentos de taxas de inscrição para exames competitivos. No jornal online Rue89, um aluno quantificou quanto lhe custaram os concursos de várias escolas de jornalismo, incluindo despesas de transporte e alojamento: 1.861 euros.

Seja como for, prevalecer na oposição também pode ser caro. Uma substituta me explicou que ela finalmente havia chegado ao seu nível duplo preferido, uma preparação gravada e praticamente gratuita. Em todo o caso, enquanto aguardava para ver se era reconhecida, tinha aprovado a sua inscrição na ESSCA na sequência da realização da prova de seleção... e pagou 1.500 euros não reembolsáveis. Algumas rivalidades tocam habilmente neste instrumento. Eles oferecem algumas reuniões, até seis para o Connection. É mais fácil aprovar a oposição na reunião primária, que atrai alguns novatos. Uma vez concedidos, eles podem querer aguardar os efeitos posteriores de outras rivalidades posteriores e mais elevadas antes de se comprometerem absolutamente. Seja como for, todos juntos para não perderem o lugar, deverão pagar uma loja de 10% a fundo perdido, ou cerca de 800 euros.

A corrida pelas estrelas

O aumento dos direitos explica-se pelo aumento dos custos, em particular da remuneração dos professores, potenciados pela mecânica infernal da avaliação escolar. A sua qualidade académica é julgada pelas publicações em revistas científicas e pelo número de "estrelas do CNRS" do seu corpo docente. Este critério determina nomeadamente a obtenção de selos internacionais (EQUIS, AACSB, EPAS) e a colocação da escola em rankings nacionais (L'Étudiant, Challenges, etc.) e internacionais (Financial Times, etc.). Estes últimos são particularmente importantes para as escolas do topo da tabela, para as quais a dimensão internacional é altamente estratégica. Hoje, 40% a 70% dos professores das principais escolas de negócios e 20% de seus alunos são estrangeiros. Além disso,

Igualar a qualidade da formação ministrada com a de sua pesquisa é altamente questionável. Sem dúvida, a preeminência desse critério vem em grande parte do fato de ser mensurável, ao passo que a capacidade de uma instituição de ajudar seus alunos a progredir é muito difícil de quantificar. Mas, relevante ou não, esse critério se impôs e as escolas não têm outra opção a não ser participar da competição, se não quiserem sumir das paradas.

No entanto, a corrida por publicações e estrelas do CNRS leva a uma incrível variação salarial. As escolas recompensam as publicações de seus professores, cujo prestígio reflete sobre eles. O bónus concedido a um professor por um artigo numa revista de alto nível seria, assim, de 12.000 euros na ESC Toulouse, segundo o Tribunal de Contas [3]. Práticas questionáveis aumentam artificialmente o número de publicações de uma instituição. Assim, um acadêmico pode aceitar que um professor de uma escola seja co-autor de um artigo do qual não escreveu uma linha a troco de alguns milhares de euros. Uma escola também pode recrutar um jovem médico, sabendo que as publicações seguirão a obtenção de sua tese. Dos estudiosos amplamente publicados pode ser concedido o título (e compensação) de professor associado, para que suas publicações possam ser creditadas à escola.

Professores propensos a publicar em revistas internacionais são recrutados a preços exorbitantes, ou mesmo furtados de outras escolas, a ponto de os especialistas falarem em "mercato". Como esse mercado é internacional, a remuneração na França é necessariamente próxima dos níveis alcançados em outros lugares, principalmente nos Estados Unidos. Muito concretamente, um acadêmico confirmado ganha 4.000 a 6.000 euros por mês na universidade, o dobro numa Grande Ecole francesa e até um pouco mais nos Estados Unidos. [4]. A globalização do mercado de professores está se acelerando em muitas disciplinas. O salário mais alto para os professores estrelas deve, portanto, aumentar, pesando nas taxas de inscrição. Além disso, para que os professores publiquem, eles devem ter tempo para pesquisar, então suas tarefas docentes devem ser reduzidas, o que as torna ainda mais caras para a escola que as emprega.

Outras fontes de aumento de custos podem ser identificadas: os equipamentos de informática, cada vez mais sofisticados, devem ser substituídos com frequência; muitas escolas investiram em imóveis para se modernizar e responder ao crescimento das matrículas. Finalmente, os serviços prestados, nomeadamente ao nível da orientação, acompanhamento de estágios e integração de ex-alunos, estão em constante expansão e mobilização de mão-de-obra onerosa.

Diante dessa inflação, as escolas têm pouca margem, porque alguns financiamentos estagnam ou diminuem. 11% dos recursos das escolas consulares de negócios vêm das CCIs, 10% da taxa de aprendizagem paga pelas empresas, sendo as regiões responsáveis por 3% dos orçamentos. Os serviços de educação continuada fornecem 8% dos recursos, principalmente nas escolas mais bem avaliadas, e 10% vêm de fundações. 58% do orçamento é, portanto, fornecido por propinas. A falta de recursos das CCIs limita seu comprometimento; a situação económica não é favorável nem à taxa de aprendizagem nem às contribuições das regiões. Algumas operações de patrocínio podem fornecer financiamento adicional, mas limitado, concentrado nos estabelecimentos mais bem dotados. Finalmente,

No entanto, custos crescentes só se transformam em preços crescentes se houver demanda por esse preço. Em outras palavras, um número suficiente de famílias deve estar disposto a pagar grandes somas. Mas a situação é tensa.

O aumento dos custos educacionais diminuiu a partir de 2011. A ESSEC continua sendo a escola mais cara, mas não aumentou seus preços, após um longo período de aumentos de dois dígitos. Segurança adicional em Toulouse e Grenoble. Um teto poderia ter sido alcançado: em 2012, 1.100 alunos que conseguiram uma vaga em uma escola decidiram não possuí-la, então 21 das 37 faculdades de negócios não prevaleceram naquele ano. distribua cada um dos pontos criados para a rivalidade. As escolas menos estimadas, como o ESC de Brest, La Rochelle, Chambéry ou Dijon, são as que mais sofrem. Eles, portanto, selecionam um número cada vez maior de confirmações iguais. Escolas de pós-bacharelado, na medida do possível para elas, de vez em quando coordenam rivalidades extras em setembro, ou até surpreendem no início do ano letivo no final do semestre principal, o que torna possível recuperar alunos que precisam de reorientação. Apesar disso, a quantidade de estreantes tem caído essencialmente ao longo dos últimos anos: caiu de 7.114 em cada 2008 para 5.412 em 2014 para a rivalidade Sesame e de 7.008 em 2010 para 5.512 em 2014 para Accès. Claramente, os guardiões estão lutando para se manter monetariamente.

As melhores faculdades de negócios estão em uma situação totalmente diferente. A ascensão dos custos é concebível pela globalização do mercado. O ranking dos melhores craques da administração, distribuído anualmente pelo Monetary Times, coloca as escolas francesas incrivelmente bem, com 19 delas aparecendo entre as 100 principais. Sete programas de MBA franceses também estão entre os 100 melhores, conforme aponta o posicionamento do analista The Financial. Essas escolas estão, portanto, prontas para selecionar alunos desconhecidos e cobrar altas taxas de matrícula.

Porém, se as grandes écoles daqui a três anos são muito caras, não é para encher os bolsos dos seus accionistas - geralmente não têm - mas para cobrir custos crescentes - as propinas, mesmo altas, não chegam.

estudos rentáveis

É razoável pagar taxas de registro tão altas? O motor de busca de emprego Adzuna.fr comparou os rendimentos associados a vários níveis de formação. Acontece que estudar, mesmo caro, é extremamente lucrativo. Durante a sua vida profissional, um licenciado em Business School ganha em média 700.000 euros a mais do que um bac + 2! Estudos realizados nos Estados Unidos confirmam isso e mostram que a vantagem financeira do diploma não para de aumentar desde o início da década de 1980.

Esses 700.000 euros colocam em perspectiva as mensalidades das grandes écoles. Como disse um aluno do ensino médio citado na introdução, "vale a pena". O único problema é ter o capital necessário no início. Com isso, o dinheiro vai para o dinheiro, os mais ricos tendo acesso aos estudos que lhes garantirão a melhor renda.

As altas taxas de registro incentivam o surgimento do setor privado comercial, estabelecendo um padrão de preço que os torna competitivos. O aumento então se espalha para escolas de negócios pós-bacharelado e depois para todos os treinamentos privados. Assim, as escolas de fisioterapia, cujas anuidades médias eram de 3.800 euros em média em 2012, mas podem chegar aos 8.700 euros, viram o seu custo disparar. Em 2014-2015, algumas escolas da Île-de-France anunciaram taxas de inscrição de 11.500 euros. A inflação também está afetando as escolas financiadas pelo estado. A Sciences Po Paris deu o pontapé inicial em 2003 e depois procedeu a aumentos regulares. As propinas são gratuitas para os bolseiros, depois as propinas aumentam de acordo com o quociente familiar, até 9.940 euros por ano para uma licenciatura e 13.700 euros para um mestrado, para um estudante cujos pais tenham um rendimento tributável superior a 66.334 euros por unidade, que é alta. Deve-se notar, no entanto, que as taxas de registro estão crescendo mais rapidamente do que a receita, para representar um quarto dela por ação, antes de cair para representar apenas um quinto, ou mesmo muito menos para as famílias ricas. O maior esforço é, portanto, exigido das classes médias.

Esta política tem sido duramente criticada, porque o instituto recebe subsídios públicos significativos e porque parece que as taxas de registro foram usadas, entre outras coisas, para financiar os emolumentos consideráveis da administração. Os alunos da UNEF (União Nacional dos Estudantes da França) escrevem em seu site:

Objetivo 2013 [a nova tabela de taxas de inscrição] é profundamente insultante para os milhares de estudantes das classes médias, que já têm muita dificuldade em financiar seus estudos e alguns dos quais provavelmente nunca teriam pensado em Sciences Po se a reforma já estivesse em andamento Lugar, colocar. De fato, o filho de um professor universitário, por exemplo, gasta de 3.450 a 6.000 euros por ano no programa de mestrado do novo regime, ou seja, dois salários mensais de um dos pais, tudo isso obviamente sem contar o custo de vida em Paris. Os filhos de professores do ensino médio devem ser considerados privilegiados? No fundo da tabela, o mesmo cenário: certamente, haverá mais isentos, mas uma família com um rendimento mensal de 2.000 euros por progenitor vê as suas propinas quase duplicarem, passando de 530 para 900 euros mensais.

Os demais IEPs estão gradativamente adotando a mesma estratégia, como o Dauphine, que tem o status de estabelecimento de grande porte e, portanto, pode fixar livremente as taxas de registro. Todos aplicam escalas mais ou menos progressivas de acordo com os recursos das famílias, os direitos chegando a 3.800 euros na Sciences Po Toulouse e 5.940 euros na Dauphine. O IEP de Aix-en-Provence vai mais longe. Desenvolve parcerias com várias organizações privadas, na França ou no exterior – também está envolvida na zona franca educacional de Maurício. Contra uma remuneração de 1.000 euros por aluno, o Sciences Po Aix rotula formação, nomeadamente um mestrado 2 em ciência política, sem que o instituto ou os seus docentes participem nos cursos. Esses cursos paralelos são muito caros, pois as taxas de inscrição às vezes ultrapassam os 10.000 euros por ano. Mas a qualidade da educação é contestada. Os professores do Sciences Po Aix denunciam formações que consideram duvidosas, "lideradas por amadores [5]" e os outros IEPs ameaçam excluir o IEP de Aix da sua concorrência conjunta se estas práticas continuarem. Aix, senão porque os requisitos académicos são mais baixos? O risco de desvalorização dos diplomas e, consequentemente, da marca "Sciences Po", é real. No outono de 2014, esta polémica levou à saída do diretor do IEP de Aix.

Herdadas de uma longa tradição republicana, as escolas públicas de engenharia são quase gratuitas. Assim, a École Polytechnique foi criada em 1794 pela Comissão de Obras Públicas por iniciativa do Comitê de Segurança Pública. O seu estatuto foi militarizado por Napoleão em 1804, de forma a melhor controlar os estudantes que tendiam a desafiar o regime. Na sua criação, a fim de democratizar o recrutamento da escola e que nenhum aluno superdotado fosse excluído por sua falta de dinheiro, "os futuros alunos recebem para ir a Paris as despesas de viagem de um artilheiro de primeira classe, ou 15 sous a dia, e devem receber um salário de 900 francos por ano ·".

Essas preocupações são muito atuais. Um ensino que seleciona por dinheiro comete uma grande injustiça, mas também se priva do talento. Mas aqui estão as escolas de engenharia ganhas pelo contágio: as nove escolas do grupo École des Mines aumentaram as propinas de 850 euros para 1.850 euros para estudantes franceses e da União Europeia em 2014. As quatro escolas dependentes do Ministério da Defesa exigiram em 2015 taxas de inscrição de 2.300 euros, quase o dobro das taxas do ano anterior. O novo grupo Centrale Supelec também deve anunciar um aumento em 2015. Esse aumento é impulsionado pela mesma dinâmica que afeta as escolas de negócios (salários de professores, atendimento ao aluno, investimentos em modernização).

Numa economia globalizada, este aumento não é necessariamente chocante: se os engenheiros formados nas Grandes Escolas vão para o estrangeiro, como a maioria manifesta a sua intenção, é coerente continuar a gastar cerca de 300.000 euros de dinheiro público para formar cada um deles? O problema já está em praça pública na Espanha, onde a emigração de jovens graduados para a Alemanha ou América Latina representa para a comunidade uma perda líquida de 200 mil euros por graduado.

É claro que o aumento dos salários dificulta a retenção de professores pelas instituições públicas. Vamos imaginar que um economista brilhante, passado pelas melhores escolas e publicando em jornais americanos, lecione na London School of Economics (LSE). Pesquisador na França, ele também é convidado a ministrar cursos em universidades francesas. Ele pode aceitar a taxa oficial de 60 euros por hora de aula, enquanto ganha o triplo do outro lado do Canal? Isso não apenas seria um uso ineficiente de seu tempo, um argumento ao qual os economistas são particularmente sensíveis, mas a LSE poderia se perguntar por que deveria pagar a ele 200 euros se ele concorda em trabalhar por 60 euros.

As universidades estão, portanto, sendo criativas para pagar melhor seus professores. As aulas em pequenos grupos são remuneradas como as aulas em anfiteatro, mas requerem mais preparação. Orçamentos mais ou menos ocultos financiam bônus para criar cursos ou organizar aulas (o que é tudo menos escandaloso). As horas do curso são pagas sem serem dadas (o que é muito mais questionável). O Tribunal de Contas condenou a Sciences Po Paris (novamente!) pela opacidade de suas práticas salariais e pela alta remuneração de certos professores. Alguns seriam pagos em tempo integral, realizando apenas 30% do serviço devido.

Sufocadas financeiramente, várias universidades ameaçam fechar para chamar a atenção, para renegociar as suas verbas, mas também, muito simplesmente, porque os seus gestores não veem outra solução. Outros buscam financiamento adicional de estudantes, flertando com a legislação e o controle do ministério. A UNEF também recorreu diversas vezes à Justiça para impedir o aumento das mensalidades universitárias. As universidades, portanto, recorrem a meios tortuosos para aumentar as taxas. As taxas de inscrição, inscrição na biblioteca da universidade ou associação esportiva elevam as mensalidades para 600 euros por ano em Estrasburgo e até 800 euros no Instituto de Administração Econômica (IAE) em Grenoble-II, segundo a UNEF.

Uma técnica que permite um aumento muito mais substancial consiste na criação de diplomas universitários, sem estatuto nacional e que, por isso, escapam à escala das propinas. A Universidade Paul Cézanne em Marselha oferece assim diplomas universitários a 6.000 euros; o IAE da Universidade de Aix-Marseille cobra de alguns mestres 8.400 euros em formação inicial e muito mais em educação continuada. No Paris-I, organizações que oferecem educação continuada alugam salas de aula da universidade. Sem meios, aumentou a renda, obrigando a formação a aumentar as taxas de inscrição. A preparação para o vestibular de mestrado da Sciences Po Paris, cuja característica era ser bem mais barata que a do IPESUP, por exemplo, teve seus preços elevados, por causa do furo operado pela universidade. Com isso, perdeu competitividade... para satisfação de alguns professores, que lamentavam que seus melhores alunos tivessem embarcado nessa formação e depois ido para a Sciences Po em vez de se preparar para o mestrado em Paris-I [7].

Em geral, as preparações para concursos, não regulamentadas pelo ministério, uma vez que não preparam para os diplomas nacionais, podem ser faturadas muito para além das taxas normais de inscrição. Dez anos atrás, eles eram quase livres. Em 2013, a preparação para a agregação organizada pela ENS Cachan foi faturada em 6.400 euros! A junção de um diploma universitário com formação privada também permite pedir altas taxas. Fundada por um empresário, a escola Ferrières, uma nova escola de luxo que abrirá suas portas em 2016 na antiga propriedade dos Rothschilds, funcionará em parceria com a Universidade de Paris-Est-Marne-la-Vallée. Os seus alunos, escolhidos a dedo e pagando 18.000 euros por ano, receberão cursos ministrados por acadêmicos e obterão uma licença profissional. Quanto às escolas profissionais, que não estão limitadas por nenhuma disposição regulamentar, adaptam as suas propinas às suas necessidades financeiras. O CFJ, escola de jornalismo listada com estatuto associativo, aumentou as propinas em 40% de uma só vez para as elevar para 5.000 euros em 2013 (meia menos para os bolseiros), porque o regresso ao equilíbrio financeiro era imperativo . Perante um défice de 2 milhões de euros no seu setor de formação, a AP-HP (Assistance publique-hôpitaux de Paris) decidiu repentinamente, no final de 2014, aumentar as taxas de inscrição na escola de enfermagem de 300 euros por ano para... 8.000 euros, exceto para estudantes que recebem um subsídio do Conselho Regional ou do Pôle Emploi. Surpreendentemente, esta disposição pode ser retroativa, exigindo-se aos alunos do terceiro ano 24.000 euros. Dada a remuneração dos enfermeiros, o recrutamento será muito difícil.

Uma reforma recente agravará os problemas de financiamento das escolas, privando-as dos recursos que atualmente retiram do imposto comercial. As empresas participam no financiamento da educação através da taxa de aprendizagem, que ascende a 0,5% dos salários pagos, perfazendo 2,8 mil milhões de euros [8]. Parte significativa desse valor fica a critério das empresas, que são angariadas pelos estabelecimentos, desde escolas de ensino médio até escolas de grande porte. A aprendizagem realmente mudou muito. Ele continua a formar marceneiros e açougueiros, mas também engenheiros e executivos. Um em cada dez alunos do ensino médio é aprendiz.

A reforma de 2014 mudou profundamente a distribuição do imposto, agora impulsionado principalmente pelas regiões. Preocupados em atender às demandas dos pequenos empresários locais e limitar seus gastos, eles redirecionam os recursos para as escolas secundárias profissionais, o que reduz no mesmo valor os subsídios regionais às referidas escolas secundárias. Para as Grandes Ecoles, o golpe é duro, porque esse ganho financeiro representou até 20% de seu orçamento. Estão em jogo duzentos milhões de euros para as grandes écoles, muito mais para todo o ensino superior.

Isso provavelmente forçará os estabelecimentos a aumentar suas tarifas ou reduzir seus serviços.

E os alunos estrangeiros?

Muito atrás dos Estados Unidos e do Reino Unido, a França é o terceiro maior país anfitrião para estudantes estrangeiros, quase no mesmo nível da Alemanha e da Austrália. Cerca de um em cada quinze estudantes expatriados opta pela França, proporção que se aplica a um mercado em rápido crescimento. Um em cada oito estudantes na França é estrangeiro. Num relatório publicado em janeiro de 2015, a France Stratégie propôs de forma direta o aumento das taxas de inscrição para estrangeiros fora da União Europeia de 183 euros para 6.000 euros para um diploma de bacharel, de 254 euros para 12.000 euros para um mestrado e de 500 euros para 15.000 euros na escola de engenharia. O objetivo seria encontrar os meios para elevar o nível do ensino superior.

O país encontra-se hoje numa situação ambígua. Na universidade, os estrangeiros pagam, à semelhança dos restantes, 183 euros por ano no primeiro ciclo. Mas, em outros lugares, os aumentos nas taxas são acompanhados por discriminação de preços contra estrangeiros não pertencentes à UE, o que também é objeto de apelos ao Conselho de Estado por parte de organizações estudantis. Assim, os alunos pagavam 1.850 euros nas nove escolas públicas da Mines Telecom em 2014 contra 850 euros em 2013, mas aqueles cujos pais vivem fora da União Europeia pagam agora 3.800 euros. Esta quadruplicação está ligada à redução do subsídio do Estado. Na Sciences Po Paris, os estrangeiros têm direito à tarifa mais elevada (13.700 euros), independentemente dos seus recursos familiares,

A política em relação aos estudantes estrangeiros hesita entre dois objetivos em parte contraditórios: fazer da França uma terra de acolhida, especialmente para os francófonos, para acentuar a influência cultural do país ou fazer do ensino superior um produto de exportação, como para o Reino Unido ou Austrália. Essas duas políticas não visam os mesmos alunos, mesmo por causa de sua origem geográfica: os que estão dispostos a pagar altas mensalidades vêm principalmente da Europa e da Ásia, enquanto quase metade dos estudantes estrangeiros na França são africanos. A influência internacional é baseada na admissão gratuita, como na Alemanha, enquanto o objetivo econômico é baseado na classificação em rankings internacionais, na qualidade e na extensão dos serviços estudantis.

A política de admissão gratuita em favor de estudantes estrangeiros é alvo de críticas na Alemanha, mas a situação demográfica a defende fortemente. A Suécia, dominada por um influxo caro nos anos 2000, impôs altas taxas de ensino em 2011, o que reduziu em cinco o número de estudantes estrangeiros de fora da UE. Quebec, que desde 1978 oferece aos estudantes franceses condições financeiras tão favoráveis quanto aos quebequenses, planeja abolir essa vantagem, que custará US$ 75 milhões à Província de Belle.

A mudança de orientação preconizada na França, já mencionada pelo Ministro da Educação Superior no final de 2014, seria uma revolução, modificando consideravelmente o público recebido. Uma ampla política de bolsas evitaria o colapso do número de estudantes com recursos financeiros limitados, estima o relatório da estratégia da França. Pode-se perguntar em que base essa ajuda seria alocada.

Além disso, para que o número de alunos desconhecidos permanecesse lá, a França precisaria ter a opção de competir com os antigos saxões ingleses ao convidar alunos aptos a pagar altos custos educacionais. Na verdade, a Austrália é o país da existência onde é mais caro estudar, o que não a impede de atrair inúmeros estudantes, especialmente asiáticos. Na verdade, as faculdades americanas e, surpreendentemente, as inglesas são caras demais. Seja como for, a qualidade envolvente da língua inglesa é fundamental. Além disso, essas faculdades, profundamente posicionadas em rankings mundiais, como a posição de Xangai, oferecem um alto nível de administração de alunos. Na França, a Sciences Po efetivamente seleciona estudantes pagantes desconhecidos. Por exemplo, uma designação da escola está sempre presente no Lugar que é conhecido pelo Sol Nascente, a tal ponto que os japoneses que desejam se concentrar na regulamentação aberta na França dependem dessa escola; Os falantes de japonês convidam os alunos sobre sua aparência para trabalhar com sua coordenação. A faculdade está muito longe de ter a opção de fazer o mesmo. Convida os alunos em circunstâncias materiais que não são cruéis.

Profissionais de negócios?

Em Moo (1995), a romancista Jane Smiley lança um olhar penetrante e divertido sobre os professores de uma universidade americana. À margem desta comunidade, ou talvez na vanguarda, o Dr. Gift, um economista, é um PME em si mesmo. Professor, investigador e consultor, nunca perde de vista o seu interesse material. Ele se distingue por um senso de cálculo aguçado e uma imaginação distorcida quando se trata de vencer. Ele é, claro, muito mais rico do que seus colegas. Esse personagem é o protótipo de um novo modelo de professor-empreendedor. A lógica do star system, caracterizada por grande desigualdade na distribuição de rendimentos, é assim importada para a educação. O tênis, por exemplo, tem centenas de jogadores profissionais,

Deste ponto de vista, as grandes universidades americanas estão na vanguarda. Já em 1998, a Universidade de Columbia chegou às manchetes quando conseguiu arrebatar o economista Robert Barro, de Harvard, por US$ 300.000 por ano, mais US$ 150.000 em benefícios extras, muito mais altos do que os salários da época (e continua desproporcional à remuneração dos um acadêmico francês). Tal salário seria ridículo hoje. Em 2013, segundo um site especializado (www.thebestschools.org), o top 10 dos acadêmicos americanos é dominado por David Silvers, professor de dermatologia da Columbia, cujo salário anual é de US$ 4,33 milhões! O comentário de admiração do site: ele é pago tão bem quanto os treinadores universitários de basquete ou futebol...

Essa hierarquia de remuneração é encontrada entre os autores publicados. Os livros didáticos fornecem um modesto complemento de renda para a maioria dos acadêmicos, mas o economista Gregory Mankiw vendeu 20 milhões de cópias de seu Principles of Economics, a um preço unitário de 50 euros na França e 292 dólares nos Estados Unidos (!), o que o torna um multimilionário.

Essa lógica vai se estender devido aos cursos online, Moocs. A Udemy, por exemplo, convida quem deseja oferecer seu curso online e decide a que preço ele será vendido. Esses cursos representariam um ganho médio de US$ 7.000 por ano. Mas alguns professores famosos ganham centenas de milhares de dólares por ano. Estamos de fato passando de um mundo onde havia um professor para cada cem alunos, com pouquíssimas opções para eles, para um mundo onde o professor estrela pode se multiplicar infinitamente através da Internet. Ao invés de ter professores mais ou menos bons, todos recebendo a mesma remuneração, estamos caminhando para uma diferenciação extrema, pelo menos no nível universitário.

O ensino superior, portanto, corre o risco de ter em breve os professores de seu modelo econômico, preocupados em maximizar seu valor de mercado e negociá-lo da melhor maneira possível. Uma evolução perfeitamente compreensível: se um mercado educacional está montado, por que os professores seriam os únicos a não se beneficiar dele? No entanto, é de recear que as diferenças de nível entre os estabelecimentos se alarguem e que se acelere a lógica da mercantilização.

A diferenciação salarial não significa que estamos entrando em uma era de abundância de professores. A característica do sistema estelar é aplicar-se apenas às estrelas. Os professores de idiomas de uma escola de negócios de Bordeaux lançaram uma petição quando seu salário caiu repentinamente de 41 para 30 euros por hora, após uma mudança de status. Isso é menos do que um professor certificado do ensino médio.

Além disso, as violações da ética podem se multiplicar. Vislumbramos os arranjos obscuros que envolvem a atribuição de publicações científicas. Alguns professores trabalham horas extras a ponto de seus colegas duvidarem da seriedade de seu trabalho. Outros exemplares corretos de concursos da cadeia: até seiscentos exemplares de ingresso na escola de negócios em três semanas, desempenho que supõe ler na diagonal ou subcontratar parte das correções, relativamente bem pagos.

A tendência ascendente dos preços é, portanto, muito clara no setor superior. É difícil ver o que poderia colocá-lo em questão. Diante das incertezas econômicas, as famílias mobilizam os bens de que dispõem, inclusive a capacidade de despesa , quando existir. É claro que os preços atuais colocam muitos cursos fora do alcance da maioria da população. Isso é chocante e contrário ao princípio de que a educação, um serviço essencial, deve ser acessível a todos. Muitas escolas, cientes do problema, estão trabalhando ativamente para aumentar o financiamento para seus alunos ou abrir mão das mensalidades dos mais pobres. Estas políticas, realizadas de forma dispersa, salvam a ideia de que um aluno, mesmo de origem modesta, pode frequentar as melhores escolas sem pagar nada pelo essencial.

Capítulo 8 Notas

1. Branko MILANOVIC e RoyVAN DERWEIDE, "A desigualdade é ruim para o crescimento da renda dos pobres (mas não para a dos ricos)", Vox EU, 29 de novembro de 2014.

2. Estas estimativas e as que se seguem foram obtidas através do cruzamento de várias fontes, nomeadamente os rankings fornecidos por L'Étudiant e L'Express, bem como as notas do Instituto Boivigny.

3. VSOUR ACCOUNTS, The Business and Management Schools (ESCG): desenvolvimento a regulamentar, fevereiro de 2013.

4. Ver Jessica GOURDON, "Behind the scenes of the transfer window star teacher", L'Express, 4 de maio de 2011.

5. Louise FESSARD e Jean-Marie L.FORESTRY, "Sciences Po Aix comercializa seus diplomas no exterior", Mediapart, 3 de outubro de 2014.

6. Site da École Polytechnique,

7. Essa formação acabou desaparecendo em 2014, diante dos protestos da UNEF, que se opõe sistematicamente à formação remunerada na universidade.

8. A realidade é bem mais complexa: a alíquota

varia de acordo com regiões e empresas; não há um, mas três impostos, etc. A aprendizagem foi reformada seis vezes desde 2002! Para mais informações, ver o relatório senatorial de François Patriat (2013).

9

Como financiar seus estudos?

S your islas está muito chateado: seus pais me ouviram e só concordam em financiar sua escola de negócios se ele for escolhido entre os vinte primeiros; caso contrário, ele irá para a preparação. Porque pagar por uma escola medíocre não é um investimento lucrativo quando você pode escolher seus estudos. Um estudante está se preparando para ingressar na Glion, uma renomada e cara escola de hotelaria suíça. "Meus pais pagam metade, eu faço um empréstimo para pagar o restante", explica ela. Mesmo na François Quesnay, os alunos descobrem que seus pais não necessariamente financiarão a escola dos seus sonhos.

Como vimos, a educação custa cada vez mais caro. É provável que esta tendência aumente. Para a maioria dos alunos, conseguir financiamento vai se tornar uma atividade importante e complicada: encontrar uma empresa para estudos de trabalho-estudo, explorar os diferentes tipos de bolsas existentes, selecionar as escolas que concedem mais auxílios, negociar com seu banco. Se formos sugerir uma nova especialização para os treinadores, a assessoria no financiamento do ensino superior é sem dúvida uma profissão com futuro.

A alta dos preços vai continuar

As mensalidades das escolas de negócios estão se estabilizando, mas a tendência geral de alta deve continuar. O custo total representado por um estudante é um pouco menor na França do que a média dos países da OCDE, grupo que inclui os países desenvolvidos, mas também a Turquia ou o México. Como eles puxam a média para baixo, seria normal que a França estivesse acima da média. Uma educação superior média custa 60.000 dólares na França contra 90.000 dólares nos países escandinavos, uma diferença enorme que pode ser explicada tanto pela menor duração dos estudos na França (quatro anos em média, contra cinco nos países nórdicos) quanto pela menor gasto anual por aluno. Podemos, portanto, assumir que o aumento continuará,

Esse aumento de gastos poderia muito bem ser absorvido pelo orçamento do estado. Embora nos últimos anos a atenção tenha sido chamada principalmente pelos países anglo-saxões, cujo sistema de ensino superior parece traçar os contornos de um mercado educacional global, não se deve esquecer que em outros países, como Alemanha ou Suécia, os estudos geralmente são feitos nas universidades, que não competem entre si e são quase gratuitas. A julgar pelo desempenho econômico desses países, esse sistema provou seu valor.

Mas esta organização suporia um forte aumento do financiamento público, improvável no contexto atual, onde o superior já se depara com uma escassez de meios sem precedentes. Segundo a OCDE, a parcela do subsídio público - que caiu de 85,3% em 1995 para 81,9% em 2010 - está caindo constantemente na França. As rivalidades estaduais por faculdades caíram 5% em 2013. 2014 não será melhor1.

Vale dizer que a quantidade de suplentes explodiu: eram 2,3 milhões em 2013 contra 1,2 milhão em 1980. Esses suplentes permanecem mais tempo no ensino superior: cerca de mais de dois anos, por exemplo, o dobro do início dos anos 1980. Ao todo, 49% das idades tiveram o reconhecimento do ensino superior em 2013, contra 42,5% em 2005, e a meta de uma em cada duas crianças deve ser atingida em 2015. Dessa forma, teria sido fundamental uma forte expansão do patrimônio para acompanhar o ensino essencialmente gratuito. Não ocorreu.

A deficiência influencia primeiro as faculdades. Um quarto deles está à beira da insolvência, algumas fundações foram colocadas sob tutela. A circunstância é melhor nas Grandes Ecoles ou nas IUTs. Em qualquer caso, os prêmios estaduais aumentam menos rapidamente do que a expansão e substancialmente menos rapidamente do que os encargos. Os créditos de trabalho permitidos para escolas públicas de design caíram 20% em 2013-2014. Os fatos realmente confirmam que os requisitos monetários são difíceis de relaxar. Conclusão do superintendente da Télécom Paris Tech: "Precisamos nos mudar para conseguir o dinheiro onde há2." O líder da Dauphine é mais exato: "Em breve precisaremos escapar do ensino superior praticamente gratuito3."

As escolas de negócios estão pedindo uma mudança em seu status. Agora vinculados às CCIs, eles almejam mais autonomia para captar recursos. A reforma, prevista para 2013, foi adiada por motivos de exibição política. A ideia é aproximar o seu estatuto ao das sociedades anónimas, garantindo ao mesmo tempo que a maioria do seu capital se mantém nas mãos das CCI. Enquanto isso, as propinas continuam sendo a principal alavanca para jogar.

Como pagar?

Na manhã de quarta-feira, os alunos do primeiro ano têm sua primeira aula no grande anfiteatro de Dauphine. À minha frente, centenas de pequenas maçãs luminosas: todas têm um MacBook. Quando mudo os slides na tela atrás de mim, surgem centenas de smartphones de alta tecnologia e os alunos tiram fotos do gráfico ou gráfico que acabou de aparecer. Durante uma aula em pequenos grupos, um aluno usa um computador enorme e feio, que contrasta com as máquinas aerodinâmicas de alumínio escovado que são a norma no estabelecimento. Informação recolhida, vem da ZEP, na sequência de um acordo com a Dauphine. Claramente, as instituições de prestígio recrutam entre as categorias ricas. E os outros?

A proporção de alunos cujas famílias podem financiar os estudos diminui drasticamente à medida que aumentam o custo e a duração. Mas a evolução da despesa não diz respeito a todas as formações nem ainda não é integrada pela população. As famílias são, portanto, pegas desprevenidas. Convivendo com a imagem da escola de Jules Ferry, pública e gratuita, eles não perceberam o esforço de economia que as famílias fazem em antecipação ao ensino superior de seus filhos na Ásia, por exemplo. Nem todos os jovens, portanto, têm meios financeiros para escolher seus estudos. É bastante óbvio ao ler os capítulos anteriores, mas ainda é um choque.

As escolas pagas também estão bem cientes disso, oferecendo várias ajudas e divulgando-as. "Para que o custo da escolaridade não seja um obstáculo aos seus planos futuros, várias soluções financeiras estão à sua disposição", escreve a escola de química ESCOM em seu site. Quanto mais o dinheiro aumenta as desigualdades educacionais, mais sua redução se apresenta como um objetivo essencial, contra toda a realidade. Assim, o administrador provisório do novo IEP inaugurado em 2014 declarou que "o estabelecimento na periferia da capital permitirá [ele] estabelecer o setor Sciences Po em territórios muitas vezes negligenciados da Île-de-France [4] ". Declaração que não iria reter atenção se esse novo IEP não estivesse localizado em... Saint-Germain-en-Laye, uma cidade no riquíssimo departamento de Yvelines, onde a renda média é de 60.000 euros por família.

Ao mesmo tempo em que aumenta o custo da educação, ela atrai um público mais amplo e, portanto, mais popular, para quem a falta de dinheiro é motivo de abandono prematuro dos estudos; porque até um ano de estudos gratuitos tem um custo alto, o de abrir mão de um salário. Dois economistas também demonstraram que um auxílio anual de 1.500 euros aumentava em dois a cinco pontos percentuais a probabilidade de ingressar ou reingressar na universidade e em cinco pontos percentuais a de obter o mestrado. [5]. Portanto, é bom que a falta de dinheiro seja um obstáculo aos estudos. A questão do financiamento é, portanto, crucial.

Uma resposta para o problema é fornecer aos substitutos um meio de vida. Não há "pagamento de substituto" sueco na França e o RSA não está disponível para esta classificação. Subsídios, então novamente, são concedidos com base em padrões amigáveis. Na França, eles são reservados para famílias excepcionalmente humildes: para uma criança solitária, o salário total deve ser inferior a 2.200 euros por mês, sendo o prêmio de 1.000 euros por ano neste nível, que aborda uma polegada, não uma vocação. Em 2014, a bolsa não podia ultrapassar os 5.500 euros anuais, valor equivalente ao da RSA e muito abaixo da linha da indigência.

A extensão dos bolsistas em educação avançada se expandiu, devido à formação de "subsídios de taxa zero" (nenhum dinheiro é pago, mas o beneficiário é isento de despesas educacionais) e com base no fato de que a educação avançada está disponível para reduzir as aulas amigáveis . Atualmente passa de um terço e os totais pagos pelo Estado aumentaram pela metade a partir de 1995. No entanto, apenas um aluno em oito recebe um prêmio de mais de 300 euros por mês.

A modesta quantidade de subsídios é um tanto compensada pelo estipêndio de hospedagem, cuja parte é livre do modo de vida, que está implorando para ser provado errado. Apesar das faculdades, algumas escolas, por exemplo, IEPs e escolas consulares de negócios, excluíram os bolsistas de todas ou parte das despesas de alistamento. Atualmente, o HEC é gratuito para todos os bolsistas estaduais, enquanto os bolsistas ESCP estão excluídos de uma parte das taxas de inscrição. O agregado comprometido com bolsas no âmbito do sistema de patrocínio empresarial é várias vezes menos significativo na ESSEC (350.000 euros em 2013) do que na HEC (1.750.000 euros), mas aí é possível a assistência. Com exceção da HEC, entre 10% e 30% dos alunos das escolas de negócios estão em regime de trabalho-estudo, em regime de aprendizagem ou contrato de profissionalização, por um, dois ou três anos. Dupla vantagem: as mensalidades são pagas pela empresa e o aluno é remunerado. Em troca, ele passa parte do tempo trabalhando em uma empresa. Menos disponível para os estudos, é mais difícil para ele fazer um estágio no exterior durante o estágio. As escolas geralmente cobram mais pelos alunos que estudam e trabalham, sabendo que quem paga a conta são as empresas. Da mesma forma, a maioria dos cursos de formação profissional pode ser seguido em regime de trabalho-estudo, em particular a preparação para um BTS ou um DUT.

Emprestado, mas então?

Como pagar o ensino superior de quem, demasiado rico para beneficiar de uma ajuda suficiente, é também demasiado pobre para financiar uma formação dispendiosa? Há um grande risco de expulsar as classes médias. Na Sciences Po Paris, a introdução de altas taxas de inscrição, mas fortemente moduladas de acordo com o nível de renda, levou a um aumento da proporção de bolsistas, mesmo que não atinja o limite de 30% estabelecido pelo ministério, e aumento da proporção de alunos das categorias mais privilegiadas; o que parece confirmar esse medo.

A solução lógica para as classes médias é o empréstimo. Afinal, se os diplomas são lucrativos, eles representam a expectativa de uma renda futura que possibilitará o retorno. As Grandes Ecoles costumam ter acordos com os bancos, que ficam muito felizes em recrutar novos clientes que são futuros executivos. Um de meus amigos me disse com orgulho que sua filha, uma brilhante graduada da École des Mines que desejava completar sua formação com um mestrado no MIT, havia sido muito bem recebida por seu banqueiro. Com os empréstimos estudantis limitados a 25.000 euros, ele concedeu-lhe dois, a uma taxa de juro real de 1,6%. Assim, financia toda a sua formação. Quanto ao pagamento do empréstimo, não seria surpreendente se seu primeiro empregador se encarregasse disso. Um jovem executivo amigo meu que decidiu fazer um MBA para alavancar sua carreira decidiu escolher a dupla titulação da London School of Business/Columbia. A taxa de registro de $ 120.000 (sim: cento e vinte mil dólares) foi adiantada por seu banco sem dificuldade.

No entanto, para um aluno cujos pais pagam apenas 500 euros por mês e que deve financiar cinco anos de estudos desde o primeiro ano, as coisas são muito mais complicadas. A quantia que ele precisa é alta: por exemplo, 800 euros por mês durante cinco anos são 50.000 euros. Se ele conseguir um empréstimo desse valor, o que não é muito óbvio, mesmo com uma taxa de 3%, ele terá que pagar altos juros de empréstimo, porque só começará a pagar no final dos estudos. Por outro lado, o endividamento é um grande risco se as perspetivas de emprego não estiverem asseguradas ou se a formação prevista for muito seletiva e é preciso estar preparado para conviver com esse risco.

Por seu lado, o Estado garante empréstimos a qualquer estudante que os solicite. Mais concretamente, garante 70% do risco de incumprimento, mas o empréstimo não pode ultrapassar os 15.000 euros. Estas são, portanto, ajudas complementares e não soluções globais. O Estado justifica a sua intervenção pelas dificuldades encontradas pelos alunos, excepto os das Grandes Escolas, na obtenção de empréstimos em dinheiro. Com efeito, 300.000 estudantes, ou seja, um em cada oito, contraíram um empréstimo bancário. Mas metade dos que quiseram fazê-lo foram impedidos pela ausência de fiança solidária, especifica o site especializado Financetesetudes.com. O ditado "você só empresta para os ricos" se aplica muito bem aqui. Devemos reclamar? Não é certo, porque se o empréstimo se estender a formações menos remuneradas do que as Grandes Escolas, colocar-se-á a questão do risco, como nos países anglo-saxões. No Reino Unido, que em setembro de 2012 lançou uma estratégia de altas taxas universitárias (9.000 libras, ou 10.700 euros, a cada ano) como compensação pela admissão em créditos garantidos pelo Estado para estudantes, 35% a 40% dos adiantamentos podem não serão reembolsados, conforme indicado por um relatório do Conselho de Fundos Públicos. Hoje, os alunos ingleses pagam uma seção em dinheiro real e se aventuram no vermelho pelo equilíbrio, mais de 25 ou 30 anos em geral. A taxa de crédito é algumas vezes tão alta quanto 9%. Em 2013, a quantidade de matrículas em faculdades diminuiu 6%, enquanto a de alunos concluintes do ensino médio ficou praticamente estável; a despesa de revisão parece fazer uma diferença dissuasiva. Nos Estados Unidos, os empréstimos estudantis cobrem a quantia cósmica de 1.200 bilhões de dólares. Somente os créditos do governo influenciam 37 milhões de indivíduos. Conforme indicado pelo Organismo de Acesso e Sucesso Escolar, 71% dos ex-alunos de 2012 tinham crédito bancário para reembolsar. No geral, seu valor foi de US $ 33.000 em 2014. Os pagamentos são cobertos (anteriormente em 15% do pagamento, atualmente em 10%), o que os estende a longo prazo: muitos 50 e poucos anos não terminaram de reembolsar seus empréstimos estudantis. Sem ajuda familiar, um dentista nova-iorquino pode iniciar a sua profissão atribulado com uma obrigação de 400.000 euros! Pode-se vislumbrar, com esse total, o que trata a cobrança de juros... que vai repercutir na conta paga pelos pacientes.

A taxa de inadimplência desses adiantamentos foi de 12% em 2013, mas esse número minimiza o problema. Verdade seja dita, os alunos são excluídos da prestação até que não sejam graduados. Relacionado com a quantidade de pessoas que precisam reembolsar suas obrigações, é de fato um quarto dos ex-alunos que estão inadimplentes. A presente circunstância não é difícil de explicar: 30% dos alunos endividados não se formaram. Outros estão desempregados ou tiveram fortunas reversas mais tarde. Sem surpresa, o maior banco dos Estados Unidos, o JP Morgan Chase, anunciou às universidades no outono de 2013 que não concederia mais empréstimos estudantis.

Obviamente não estamos na França. Ressalte-se, porém, que 34% dos alunos de fisioterapia contraíram empréstimo para financiar seus estudos em 2013, por exemplo. A situação é provavelmente a mesma em outras áreas.

45% funcionários estudantes

O modelo de financiamento emergente divide, assim, a sociedade em três: os estudantes das classes trabalhadoras têm direito a bolsas de estudo que lhes permitem sobreviver, as classes médias têm de recorrer a empréstimos e os estudantes de origens privilegiadas dependem da família. Mas não devemos esquecer que os alunos podem ganhar dinheiro. Inquéritos realizados regularmente pelo Observatório da Vida Estudantil mostram que a proporção de estudantes que têm trabalho remunerado está a aumentar e atingiu os 45% em 2013 [6]. Ainda mais surpreendentemente, essa proporção é quase a mesma qualquer que seja a origem social dos alunos.

Claro, você tem que ter a possibilidade de trabalhar, ou seja, o tempo e as oportunidades. A jornada insana de trabalho dos alunos nas aulas preparatórias deixa pouco tempo para isso. Por outro lado, os estudantes de artes e humanidades, que têm carga horária limitada, são os que mais trabalham. As oportunidades dependem do curso seguido e do nível de estudos. Mas é essencial distinguir os trabalhos relacionados com o estudo de outros.

Com efeito, os estágios, as situações de trabalho-estudo ou os empregos de verão que permitem valorizar as competências adquiridas melhoram inquestionavelmente os resultados dos alunos e a sua integração profissional. Articulados com os estudos, dão-lhes um sentido concreto e reforçam a motivação dos alunos.

Inversamente, os trabalhos não relacionados com os estudos constituem o que o Observatório da Vida dos Substitutos chama de "ocupações simultâneas aos estudos". Levam tempo, energia e acrescentam muito pouco à preparação. Freqüentemente pouco talentosos, essas posições genuinamente punem os substitutos quando são praticadas até certo ponto no intervalo. Regularmente, negam a última opção do controlo do seu horário, pois é difícil rejeitar o tempo adicional, diminuir o tempo de trabalho quando se aproximam as provas e ajustar os seus horários para avaliar as ilustrações. para mudança de semestre. Esses cargos obviamente prejudicam o progresso nas provas, obrigando a decisões difíceis, que sem dúvida podem ser perscrutadas na visão geral do Observatório da vida do estudante: 33% das pessoas que não trabalham podem querer fazer isso, mas aceitam que não não tem oportunidade e 20% das pessoas que trabalham aceitam que isso está atrapalhando seus exames. Observamos que os bolsistas trabalham menos que os demais.

Os alunos de origens humildes são os indivíduos que mais respondem a esse tipo de negócio, enquanto os exercícios dos filhos dos chefes estão ligados aos seus exames, através do trabalho concentrado em projetos, cargos de nível básico e portas abertas dadas por grandes empresas para estudantes de escolas específicas. Também deve ser notado que os locais de trabalho substitutos das Grandes Ecoles ajudam a garantir posições extras.

Enriqueça seu currículo

O trabalho do aluno se torna uma norma. Aqui, novamente, o modelo anglo-saxão parece prevalecer. Porque não se trata apenas de ganhar o dinheiro necessário, mas também de mostrar um certo estado de espírito. As perguntas feitas durante as entrevistas de recrutamento, bem como em concursos, sugerem que a experiência profissional é esperada. O aluno que trabalhava na linha de montagem para pagar as férias ou os estudos antigamente tendia a escondê-lo, como um episódio indigno de sua posição social. Agora é o inverso. Participando de um júri de concurso que recruta executivos do serviço público, observei que os candidatos, graduados em Sciences Po ou advogados elegíveis para a ENA, destacavam que haviam feito colheita ou sido vendedores na Decathlon e que o júri os questionava com interesse sobre esses experiências. Por outro lado, um bom aluno pode ser perturbado por uma pergunta como "além de seus estudos, o que você faz?" ", o que contrasta com a tradição dos prepas, onde se entra como na religião, "fazendo uma cruz em dois anos da sua vida", como dizem alguns alunos do CPGE. Eles acham que a resposta "toda a minha vida é dedicada aos meus estudos" não é a certa, tanto que os empregos de verão agora também são desenhados como linhas em um currículo. por "escrever dois anos de vida", como dizem alguns alunos do CPGE. Eles acham que a resposta "toda a minha vida é dedicada aos meus estudos" não é a certa, tanto que os empregos de verão agora também são desenhados como linhas em um currículo. por "escrever dois anos de vida", como dizem alguns alunos do CPGE. Eles acham que a resposta "toda a minha vida é dedicada aos meus estudos" não é a certa, tanto que os empregos de verão agora também são desenhados como linhas em um currículo.

Paradoxalmente, como no caso dos estágios, os alunos de origens privilegiadas costumam ter mais chances de acumular experiência profissional. Desde o final do primeiro ano escolar, os meus ex-alunos fazem estágios de dois meses em empresas de consultoria, fundos de investimento, agências de publicidade ou empresas audiovisuais, ou seja, a que todos os alunos aspiram.

Com efeito, tanto para os estudantes como para os outros, o acesso ao emprego realiza-se primeiro através das relações pessoais. Os estágios na filial de Londres ou Nova York de um grande grupo francês geralmente são conseguidos por alunos cujos pais trabalham na empresa ou conhecem alguém trabalhando lá. Muitas vezes, obtêm subsídios de estágio de 1.000 euros a 1.500 euros por mês, em vez do mínimo de 400 euros que é a regra em outros lugares ... embora não precisem necessariamente disso.

Em suma, as bolsas não são suficientes para garantir a autonomia financeira do aluno. Os empréstimos bancários, salvo as formações mais lucrativas, são de montante limitado e perigoso. Os trabalhos dos alunos não são tão fáceis de encontrar e afetam o sucesso do exame. As famílias, portanto, permanecem na linha de frente para financiar o ensino superior. Eles podem pagar? O aumento do número de bolsas e empréstimos bancários sugere que não é bem assim. Agravar-se-á, assim, a contradição entre as necessidades crescentes do ensino superior e a estagnação dos meios das famílias. Até porque são os mesmos que ganham em quase todos os quesitos: as famílias ricas podem facilmente servir de garantia bancária para os empréstimos dos filhos e a presença de uma conta bem abastecida na mesma agência praticamente obriga o banqueiro a conceder um empréstimo estudantil por medo de perder um bom cliente. As famílias mais favorecidas são também aquelas que encontram os melhores empregos e os melhores estágios para seus filhos, por causa de seus relacionamentos.

Portanto, é provável que o fosso se alargue entre dois mundos. Por um lado, as escolas profissionais, desde as informáticas às paramédicas, passando pelas grandes escolas de negócios ou de engenharia, dispõem de recursos materiais significativos devido às elevadas contribuições dos alunos. A esse preço, eles têm um pouco de dificuldade em recrutar, mas contam primeiro com as famílias abastadas e oferecem soluções de financiamento eficazes para os outros, das classes médias: podem isentar alguns bolsistas das mensalidades. registro baseado em patrocínio, fazendo acordos com bancos para que os alunos obtenham empréstimos a juros baixos e fornecendo os meios para ganhar dinheiro, graças a programas de trabalho-estudo, estágios e empregos relacionados com as habilidades dos alunos,

Por outro lado, os cursos gerais, a começar pelos universitários, oferecem uma qualidade de serviço inferior por falta de recursos, mas dificilmente podem aumentar as mensalidades por motivos políticos ou exigem muito trabalho dos alunos também assalariados, pois acham muito difícil conseguir empréstimos.

1. Em contrapartida, os países do Norte como a Dinamarca, a Finlândia e a Suécia, que já são, proporcionalmente, os que mais investem no ensino superior, têm, apesar da crise, aumentado o seu orçamento.

2. Lucia DELAPORTE, "Propinas no ensino superior: a ofensiva está lançada",

Mediapart, 18 de março de 2014.

3. Lawrence B.ATSCH, Paris-Dauphine. Quando a universidade vira escola. Entrevistas *com Denis Jambar*, PUF, Paris, 2014.

4. Veronique WHERE THE, "Sciences-Po: the rise in fresh scares", Liberation, 7 de julho de 2014.

5. Gabrielle FACK e Julien G.RENET, "Melhorando o acesso à faculdade e o sucesso para estudantes de baixa renda: evidências de um grande programa de subsídios baseado em necessidades", PSE Working Paper, no. ^{oh} 2013-33, 2013.

6. BSERVATÓRIO DE VIDA ESTUDANTE, atividade remunerada, pesquisa sobre condições de vida estudantil 2013, www.ove-national.education.fr.

Conclusão

U palavra não pessoal, em primeiro lugar. Chegado a esse estágio, indignado com as vantagens que o dinheiro traz na competição escolar e com o destino das famílias que pouco dele têm, o leitor pode, com razão, se perguntar como posso, em consciência, lecionar no ensino médio público com os sócios mais privilegiados. - composição profissional na região de Paris. Como posso sustentar esses alunos ricos, treinados, tutorados, que planejam sem medo ingressar em uma escola de hotelaria suíça ou em uma escola veterinária espanhola por várias dezenas de milhares de euros por ano? A resposta é muito simples: geralmente são ótimos alunos.

Eles querem ter sucesso, o que não é ruim o suficiente, mas muitos também têm uma verdadeira curiosidade intelectual e uma certa cultura. Eles são gentis, conscientes e gratos pelos esforços que fazemos para ajudá-los. O que motiva um professor é que ele é necessário. Pode-se imaginar que essa necessidade é mais acentuada em bairros difíceis. Mas ele se expressa com grande dificuldade, por causa de várias barreiras ou inibições. Pelo contrário, no Lycée Quesnay, os alunos, sobretudo os melhores, não hesitam em perguntar aos professores. Também é verdade que a pressão que pesa sobre eles é significativa.

E então, ao lado do dinheiro, existe a cultura. Certas famílias burguesas, de fato, transmitem a seus filhos, além do dinheiro, sólidos valores. Ainda existem alguns "herdeiros", para usar a expressão de Bourdieu e Passeron [1], que herdaram o amor pela escola, o apreço pela informação e as qualidades humanistas frequentemente ligadas a uma prática rigorosa. Para familiarizar meus alunos do último ano com a ideia de segregação positiva, muitas vezes tomo como ilustração os benefícios concedidos aos alunos que se concentram em um ZEP para ingressar na Sciences Po. Está certo ? Este ano, uma substituta testou seus colegas de escola que estavam se preparando para o Sciences Po e que, obviamente, não aproveitaram esses benefícios: "Você não acha irracional que eles possam se coordenar sem fazer o teste sério, essencialmente em luz do fato de estarem em uma ZEP? » Reação de uma esplêndida substituta que descobriu recentemente que bombardeou a oposição da seção: "Isso nunca vai compensar os benefícios que nosso começo social nos dá. "É essencialmente tão adorável quanto Mats Wilander revisando uma questão de arbitragem para se apoiar no match point.

É extremamente claro, também. Os jovens estão no lugar que sua origem social lhes atribui, em um sistema de ensino que nunca foi bom, mas que está tomando rumos conclusivos e perigosos de forma clandestina. Essa estrutura não é mais a administração de treinamento financiada pelo estado na qual examinei e na qual trabalhei desde então. É tudo menos uma questão de sacudir o incomparável Satã da mercantilização da escola, veiculada às multinacionais de instrução. O centro do sistema escolar da França continua público e gratuito. No entanto, uma proposta confidencial diferente e poderosa explodiu recentemente, à luz do desmoronamento da assistência pública carente e de um interesse social excepcionalmente impressionante, alimentado pelo desejo frenético dos pais de colocar seus filhos no elevador. assistência do governo ou, pelo menos, para evitar que fiquem desempregados.

escola sombra

A expansão destas novas ofertas faz um sistema. As ilhas do ensino privado estruturam um arquipélago com implicações sem limites, uma espécie de sombra do sistema educativo. Como as finanças paralelas, a escola paralela é uma peculiaridade mundial monstruosa, que se desenvolveu rapidamente diante de nossos olhos sem que percebêssemos. Assim como as finanças paralelas, foge da orientação dos especialistas. Como ela, esta escola paralela é verdadeiramente benéfica e o caminho para isso é dinheiro.

Esse novo arranjo cria novas disparidades. Daqui em diante, por tempo indeterminado, o discurso sobre os desequilíbrios instrutivos, excepcionalmente destacados pelos elaborados por Pierre Bourdieu, destacou o trabalho da cultura familiar, muito próximo ao da escola, sobre o grau variável de informação de um sistema educacional obscuro para tutores, alguns dos quais se tornaram verdadeiros especialistas na administração das "profissões escolares" de seus filhos. A estas variáveis consistentemente presentes acrescenta-se atualmente a componente monetária. Geralmente desconsiderada pelos elaborados pelos sociólogos, a variável monetária nem sequer é referenciada pelo programa de finanças e sociologias do ensino médio na seção comprometida com a portabilidade social e escolar.

A escolha do dinheiro influencia novos encontros. De fato, os trabalhadores regulares experimentam os efeitos nocivos dos novos princípios do jogo tanto quanto dos antigos, mas as classes trabalhadoras informadas são atualmente igualmente afetadas. Embora sua visão sobre a estrutura e sua capacidade de ajudar seus filhos lhes permitisse uma oportunidade decente de utilizá-la para seu benefício potencial, eles são atualmente compelidos a substituir os principais interesses na escola pelo desejo de garantir o futuro de seus filhos. crianças . Apostando na escola, eles descobrem o vertiginoso aumento de seu custo, que moveu a competição escolar para um campo que não é deles.

Como chegamos lá ?

Na verdade, a escola não pode fugir de sua situação atual, onde começou o retrocesso. O desemprego, em primeiro lugar, aflige enormemente os tutores e, às vezes, os filhos. O certificado é visto como o ponto de entrada obrigatório para os negócios; as famílias estão preparadas para permitir que seus filhos sejam admitidos com sucesso. A dissidência social então se expandiu.

Arranjos instrutivos também assumem sua parte. A escola praticamente única finalmente chegou, então o lançamento de escolas secundárias e a expansão no número de graduados criaram condições para uma rivalidade elevada em todos os níveis do sistema educacional. Antes, não havia um sistema educacional, como gostamos de pensar, mas alguns quadros iguais, planejados para várias classes sociais. As oportunidades para um casal de esplêndidos súditos da classe trabalhadora ingressarem nos cursos de ponta oferecidos aos filhos da burguesia, chamados de elitismo conservador, mascaravam idealmente essa realidade.

Com a escola de massa, aberta a quase todos, a dissidência escolar diminuiu. No entanto, os responsáveis pelas fundações especiais ou populares não estão preparados para reconhecê-lo. Eles o reconstituem diretamente, viabilizando aulas de instrução, cujas despesas significativas evitam a maioria dos alunos. A dissidência social também é reconstituída de forma indireta por meio da hierarquia de bairros e fundações e do apoio que estuda com a obtenção, levando a uma ascensão no nível de bons componentes. Para ter sucesso, a partir de agora é insuficiente se expressar corretamente e aprender bem suas lições. Nas escolas de elite, a proporção de alunos excelentes em todas as disciplinas, bilíngues,

Nesse contexto, todos os benefícios que podem ser mobilizados contam: qualidade da escola, coaching, suporte acadêmico. A massificação escolar tem também multiplicado os efeitos na carreira de pequenas diferenças ao nível dos diplomas, que estimulam o investimento de forma por vezes louca – acontece, por exemplo, de um aluno admitido na ESCP Europa repetir ter HEC, por exemplo. Uma minoria possui meios financeiros significativos e coloca esse recurso a serviço do sucesso de sua prole. Essa disposição de pagar é compreensível: como você pode recusar que seu filho se matricule na escola de sua escolha ou em aulas adicionais que o ajudarão a ter sucesso? Ao lado da saúde, a educação é a área em que as famílias ampliam suas possibilidades financeiras. Esta procura cria uma oferta adaptada às possibilidades de cada um, podendo assim ir até serviços de muito bom nível.

Finalmente, o dinheiro público está se tornando escasso. O orçamento da Educação Nacional não acompanha as mudanças demográficas e de custos. A qualidade da educação oferecida está se deteriorando e o recrutamento de professores qualificados está se tornando difícil. Tantas lacunas que alimentam o setor privado. E acontece o milagre da economia de mercado: a oferta surge imediatamente para atender a demanda

Fatalitas?

Generalizando um pouco, podemos ver a situação da seguinte forma: no ajuste entre aberto e privado que caracteriza economias mistas como a francesa, a balança pende há um quarto de século a favor da última. O componente em ação na instrução encontra-se no campo do bem-estar ou da administração de benefícios. A cada vez, a diminuição da especulação aberta, escolhida a título de ajuste orçamentário e competitividade, conduz à corrupção do benefício dado, desta forma à criação de uma oferta privada, na raiz de uma separação por caixa: o é para quem pode pagar, o público, para os outros. Para criar essa estrutura de dois níveis politicamente suportável, cursos gratuitos de grandeza são mantidos e bolsas capacitam alguns alunos de fundações despretensiosas para alcançar as estaturas; mas essas isenções que afirmam a execução do show servem como uma desculpa plausível. O ponto de vista é ou talvez desanimador. Podemos evitá-lo? No atual clima de paralisação, a submissão ao inevitável oprime. educação paga para manter sua qualidade? A educação gratuita está consagrada na lei na Suécia e as escolas têm os meios para operar. Segregação espacial? O procedimento Affelnet o levou a recuar em Paris em público; quanto ao setor privado, poderia muito bem ser integrado ao mapa escolar. No Reino Unido ou na Espanha, as políticas de cotas quebraram a tendência. As preparações pagas tornadas essenciais pela competição? Iniciativas estão surgindo para tentar encontrar soluções, como o SOSciencespo: os alunos da Sciences Po ajudam os candidatos a escrever sua carta de apresentação, simulam provas orais, respondem suas perguntas.

A continuação das tendências atuais não é, portanto, de forma alguma inevitável. O desenvolvimento do nosso sistema escolar poderia assentar em bases diferentes, mais justas e eficazes. Porque o combate ao insucesso escolar dos menos favorecidos é hoje o caminho mais seguro para melhorar o desempenho do nosso sistema escolar e para reforçar a coesão social.

É uma escolha social.

OBRIGADA

O FIM

www.ingramcontent.com/pod-product-compliance
Lightning Source LLC
Chambersburg PA
CBHW070319220526
45465CB00013B/908